GEORGES BIZET

LETTRES À UN AMI

1865-1872

INTRODUCTION

DE

EDMOND GALABERT

PARIS

CALMANN-LÉVY, ÉDITEURS

3, RUE AUBER, 3

portrait de Berlioz.

INTRODUCTION

On m'a dit quelquefois que je devrais faire un livre sur Bizet, et ce livre, je ne l'ai jamais fait, et je ne le ferai jamais. Est-ce à moi, d'ailleurs, à le faire? Est-ce à l'élève d'apprécier les œuvres de son maître? Est-ce à l'ami de raconter la vie de son ami? Comment s'y prendra-t-il pour trouver et garder le ton juste, et ne risque-t-il pas de mal servir une chère mémoire en voulant trop bien la servir? Pour mon compte je l'ai toujours pensé, et j'ai cru qu'il valait mieux me borner à fournir des documents aux musicographes plutôt que de me constituer moi-même le biographe de Bizet. Voilà pourquoi, après avoir une première fois, en 1877, réuni dans une courte brochure, avec trop de réserve, sans doute, des souvenirs et des extraits de sa correspondance avec moi, je me décide aujourd'hui à publier à peu près intégralement les lettres qu'il m'avait adressées et à raconter les faits que je n'avais pas rapportés alors dans mon opuscule. C'est que j'étais gêné, en effet, par la préoccupation de ne pas me mettre en scène, de ne pas paraître céder aux suggestions d'un vilain amour-propre, et, en cherchant à éviter un mal, je tombai dans un autre. Heureusement, les lettres restent, et leur texte, au moins est-il là, tandis que les souvenirs,— c'est une loi constatée par les historiens,—s'altèrent et se déforment, si même ils ne s'effacent pas complètement. Il se peut donc que j'aie oublié des détails intéressants et que d'autres aient perdu pour moi de leur netteté. J'aurais dû tout écrire en 1875, au lendemain de la mort de Bizet, quand ma mémoire était bonne parce que j'étais jeune. Rien ne m'aurait empêché de retarder la publication de ce manuscrit; à présent, je le retrouverais, et bien des mots curieux, bien des conseils instructifs eussent été conservés. Enfin, si j'ai eu un très grand tort à cette époque en négligeant de tout noter, c'est une raison de plus pour consigner ici ce dont je continue à me souvenir en prévenant toutefois que s'il y a des points qui sont demeurés clairs dans mon esprit, il risque d'y en avoir d'autres où il y a peut-être de la confusion lorsque ce n'est pas une perte, une entière disparition.

Quant aux lettres, je les transcris, comme je viens de le dire, à peu près intégralement, mais à peu près seulement, car certaines suppressions me paraissent s'imposer encore, et je pense qu'en cette matière, il est préférable de pécher par excès de scrupules plutôt que par légèreté. Sauf de rares exceptions, ces lettres ne sont pas datées. En 1876, je les classai par ordre chronologique en m'aidant des empreintes du timbre apposé sur les enveloppes dans les bureaux de poste. Écrites très rapidement, certaines ne sont pas même ponctuées, et j'ai dû souvent opérer ce travail.

En 1866 ou 1867, je ne sais plus très bien, mais il est probable que c'est en 1866, Bizet me donna le portrait reproduit en tête de ce volume. Si c'était vraiment en 1866, il avait alors vingt-sept ans puisqu'il était né en 1838, au mois d'octobre.

Je passais tous les ans un mois à Paris le voyant soit 32, rue Fontaine-Saint-Georges, soit au Vésinet, route des Cultures. Je lui portais des compositions écrites ou je lui en jouais de mémoire. Pour les études de contre-point et de fugue, elles se faisaient surtout par correspondance. Je lui envoyais des devoirs, et il me les retournait corrigés, à l'encre rouge, en général. J'ai conservé tout ce cours qui, s'il est très précieux pour moi, pourra l'être aussi pour d'autres, me semble-t-il, à cause des observations critiques, des notes de musique biffées et remplacées par Bizet, des passages refaits de sa main. Ces pages sont ainsi d'autant plus intéressantes qu'elles contiennent plus de fautes.

Avant d'entreprendre mon éducation musicale, il m'interrogea, m'examina sérieusement. Je n'ignorais pas l'harmonie, mais il me demanda surtout si je lisais et quels livres. C'est quand j'eus répondu affirmativement sur ce point et que je lui eus présenté la justification de ce que j'avançais en l'entretenant des auteurs français et étrangers dont je connaissais les œuvres, de Schiller et de Gœthe notamment, je me rappelle, qu'il me dit: «Cela me décide. On croit qu'on n'a pas besoin d'être instruit pour être musicien; on se trompe: il faut, au contraire, savoir beaucoup de choses.» Les études de contre-point commencèrent aussitôt, et en partant de Paris, j'emportais pour sujet de mon premier devoir vingt chants donnés qu'il avait notés pour moi.

Rien n'avait été convenu d'abord touchant une rétribution, et quand, un an après, je voulus aborder cette question, il m'arrêta net: «Ne me parlez plus jamais de cela, déclara-t-il,—et si je ne puis garantir complètement les termes, le sens au moins est-il exact;—je me fais payer les leçons parce que là je me fatigue; on ne comprend pas, je prends de la peine. Avec vous, nous causons simplement de choses qui nous intéressent, que nous aimons.» Et il finit par ceci qui est, je crois, presque textuel: «Nous nageons dans les mêmes eaux. Moi, il y a plus longtemps que vous. Je connais les mauvais endroits, et je vous dis seulement: ne passez pas là, c'est dangereux.»

C'est au Vésinet qu'il se prononçait ainsi d'un ton qui n'admettait pas de réplique bien que très amical; c'est au Vésinet également qu'avait eu lieu notre première entrevue. Les Bizet, qui habitaient Paris, y étaient ordinairement déjà installés au mois de mai, dans la propriété que le père Bizet avait achetée. C'était un grand jardin, clos, sur la route des Cultures, par une grille en fer avec, à chaque extrémité, une chartreuse. Sur le devant, des massifs, des pelouses; au delà, un potager, et le père Bizet était très heureux quand on en servait les légumes sur sa table. Dans la chartreuse que l'on avait à droite, si, de la route, on se plaçait en face de la propriété, il y avait la chambre du père, la salle à manger et la cuisine; dans celle de gauche, la chambre du fils et son cabinet où se trouvait le buste d'Halévy. Après le travail, nous cueillions des fraises pour le dîner, et ce repas, souvent, était pris en plein air. Ensuite, au crépuscule, avant de nous remettre à la musique, nous nous promenions en causant de notre art et en nous confiant mutuellement nos projets et nos rêves. Le gros chien de garde, noir et blanc, auquel on avait donné le nom de Zurga en l'honneur d'un des personnages des *Pêcheurs de Perles*, avait sa niche à côté du pavillon de Georges. Nous le détachions, et il bondissait autour de nous ou courait avec un autre chien brun rougeâtre, plus petit, qu'on appelait Michel. Je repartais par le train de dix heures, quelquefois par celui de onze. Bizet, quand il avait le temps, m'accompagnait à la gare, et nous prenions des sentiers qui traversaient le bois.

Deux souvenirs me reviennent à propos du Vésinet: d'abord celui d'une délicieuse course avec Georges le long de la Seine, à la tombée de la nuit, en allant à Chatou attendre le père Bizet qui devait descendre là du train de Paris parce qu'il y avait une affaire et rentrer ensuite à pied accompagné de son fils; puis, le récit d'une visite de M. Saint-Saëns. Bizet, un soir d'été, travaillait au Vésinet dans son cabinet lorsqu'il entendit une voix de ténor qui chantait la romance des *Pêcheurs de Perles*. Il sortit dans le jardin, et aperçut quelqu'un sur la route. C'était M. Saint-Saëns qui, ne sachant pas reconnaître la maison, avait pensé à ce moyen pour éveiller l'attention de son ami. Il est inutile d'ajouter que le temps se passa à faire de la musique jusqu'à l'heure du départ.

C'est une chose digne de remarque, car elle éclaire à fond son caractère, que les sentiments de Bizet à l'égard des autres musiciens. Voici ce que je disais là-dessus, en 1877, dans ma brochure. Quelque mauvaise grâce que l'on ait à se citer soi-même, il me paraît utile d'intercaler ici ce passage, comme aussi, plus loin, quelques autres, parce que les faits étant alors plus récents, il y a là pour ma relation de cette époque une garantie d'exactitude.

«Je ne puis m'empêcher de croire qu'il aurait exercé la plus heureuse influence sur le développement de l'art musical; car, loin d'être jaloux des autres compositeurs, il s'attachait autant qu'il le pouvait à faire connaître leurs œuvres, et il n'était jamais plus heureux que lorsqu'il avait pu découvrir quelque beau morceau, ne croyant pas, comme d'autres, à la décadence de la musique. M. Ernest Guiraud était son ami intime, ils se consultaient mutuellement sur leurs compositions, et ils ont souvent travaillé à la même table. Le succès de *Piccolino* aurait été un grand bonheur pour lui, car il m'avait un jour exprimé les inquiétudes qu'il ressentait en voyant que son ami ne pouvait obtenir la composition d'une pièce assez importante pour signaler son mérite au public[1]. Il avait aussi pour M. Saint-Saëns la plus vive affection et la plus grande admiration. De M. Reyer, de M. Massenet, je ne lui ai entendu dire que du bien. Il considérait M. Stéphen Heller comme un des grands compositeurs modernes; il s'employait ardemment à répandre ses œuvres, trouvant avec raison qu'en France sa renommée n'était pas à la hauteur de son talent.»

Ces qualités de générosité et cette loyauté étaient bien connues de tous ceux qui avaient approché Bizet, et c'est ce qu'il ne faudra pas oublier en lisant certaines lignes de ses lettres. Je n'ai pu entreprendre de vérifier si les bruits dont il se faisait l'écho à propos de telle ou telle personnalité étaient vraiment fondés ou si ce n'étaient que des racontars malveillants et ne reposant sur rien, de simples cancans pris à tort au sérieux et qu'il croyait vrais dans la surexcitation et l'énervement de la lutte, dans la fièvre provoquée par le labeur excessif, par la fatigue et par des difficultés sans cesse renaissantes. Ce que j'ai l'obligation d'affirmer, c'est qu'il n'était pas rancunier, qu'il était de bonne foi, et qu'il n'hésitait pas à revenir sur son opinion quand il lui était démontré qu'elle était fausse.

Il s'efforçait, d'ailleurs, de ne laisser troubler son jugement ni par ses antipathies ni par ses sympathies. Il m'avait engagé, tout en commençant le contre-point, à m'exercer à la composition en mettant en musique les paroles de cantates proposées comme sujet pour le concours du prix de Rome, et il m'avait donné le texte de plusieurs de ces cantates, texte imprimé à la suite des programmes de la séance publique annuelle de l'Académie des Beaux-Arts. Je commençai, d'abord, celle qui, en 1859, avait valu le prix à Ernest Guiraud, *Bajazet et le Joueur de Flûte*, mais je ne la terminai pas, et j'écrivis complètement, avec l'orchestration, celle du concours de 1845, intitulée: *Imogine*. Je la lui apportai en 1866. Quand il l'eut examinée, il nous invita tous deux, Guiraud et moi, à déjeuner chez lui au Vésinet, et me conseilla de jouer cette cantate à Guiraud. La première fois que je le revis, après cette rencontre, il me dit: «Je tenais à ce que Guiraud connût votre cantate et me communiquât son avis, car, moi, j'avais bien le mien, mais je pouvais me tromper, et je n'aurais pas voulu continuer à vous laisser travailler si c'eût été inutile.» Ce trait, je le rapporte, parce qu'il marque d'une façon très juste la conscience que Bizet apportait en toute chose.

J'avais mentionné dans ma brochure ses goûts et ses dispositions littéraires. Je notais qu'en «dehors de la musique, il ne s'était guère occupé que de littérature», et je continuais ainsi: «Il aimait à lire nos bons auteurs français, et sa conversation avait beaucoup de charme et d'intérêt. Il contait l'anecdote d'une manière piquante et l'écrivait même assez gentiment.» En voici une qu'il me narrait une fois d'une manière très amusante: il était entré dans le bureau d'un fonctionnaire en fumant son cigare, et, se trouvant à la suite de plusieurs personnes qui attendaient leur tour, ne s'était pas découvert. Le fonctionnaire s'en apercevait, et, d'un ton impérieux et rogue, l'interpellait de la sorte à mots précipités: «Monsieur, ôtez votre cigare et éteignez votre chapeau.» Bizet, lui, très flegmatique, répondait alors doucement avec un petit accent ironique: «Vous voulez dire, sans doute, ôtez votre chapeau et éteignez votre cigare. Voilà.» Les assistants éclataient de rire, et le fonctionnaire, furieux, demeurait muet.

On verra dans ses lettres quelles étaient ses idées philosophiques. Je n'ai qu'à y renvoyer. Pourtant il ne sera peut-être pas mauvais de reproduire ici le passage de la brochure où je résumais mes impressions à ce sujet:

«En somme, il aimait trop son art pour consacrer son temps à d'autres travaux. Pendant longtemps, d'ailleurs, il n'en aurait eu le loisir qu'en renonçant à la composition. Mais il ne pensait pas qu'un artiste dût s'enfermer dans sa spécialité; sa vive intelligence était curieuse de connaître les progrès scientifiques accomplis à notre époque, et dès que sa position lui permit de s'affranchir des travaux d'éditeurs, il en profita pour donner plus de moments à la lecture.»

Il avait grand plaisir à causer de sa vie à Rome, à la villa Médicis, de ses excursions en Italie, des monuments et des paysages. Il me parlait moins de ses études au Conservatoire. Il m'avait appris, pourtant, qu'il avait eu une grande affection pour son maître Halévy, mais ses sentiments à l'égard d'Auber étaient entièrement différents. Il avait pour lui de l'éloignement. Cela se comprend quant à ce qui est du musicien. En ce qui concerne les actes de l'administrateur, du directeur du Conservatoire, il les blâmait fortement. C'est tout ce que je puis dire, mes souvenirs étant devenus trop vagues pour me permettre d'entrer dans des détails. Enfin, il avait de l'éloignement pour lui, et n'était même pas fâché, à l'occasion, de lui lancer quelque pointe sans en avoir l'air. Après un des premiers ouvrages de Bizet, Auber avait fait représenter une de ses dernières œuvres à lui qui étaient très faibles. Je ne me rappelle plus bien les titres. Les *Pêcheurs de Perles* ont été joués le 30 septembre 1863, la *Fiancée du Roi de Garbe*, d'Auber, le 11 janvier 1864. La *Jolie Fille de Perth* est du 26 décembre 1867, le *Premier Jour de Bonheur*, du 15 février 1868. Je crois que ce serait plutôt à ce moment que l'histoire s'est passée. Bizet me raconta qu'il avait rencontré Auber, qu'on s'était arrêté, et qu'Auber, avec un accent qui dénotait que ce n'était qu'une formule banale, lui avait adressé ces paroles: «Eh bien, j'ai entendu votre ouvrage. C'est bien, c'est très bien.» Bizet alors avait riposté: «J'accepte vos éloges, mais je ne vous en rends pas.» Jeu de physionomie d'Auber, et Bizet, tout de suite: «Un simple soldat peut recevoir les éloges d'un maréchal de France; il ne lui en adresse pas.»

De Félicien David, pour lequel il avait beaucoup de sympathie, il appréciait le *Désert*. «David, disait-il à peu près, est un miroir qui reflète admirablement l'Orient. Il y est allé; ce qu'il a vu l'a fortement impressionné, et il le rend très bien. Ce qu'il fait ordinairement est faible; mais que, dans un texte, il soit question de l'Orient, qu'on y mette les mots: palmiers, minarets, chameaux, etc., alors il fait de belles choses.»

Dans l'œuvre de Gounod, il admirait surtout les premiers ouvrages, *Sapho*, *Ulysse*, etc., qu'il trouvait, avec sans doute des signes de jeunesse, pleins, c'est son expression, «de verdeur, de sève».

C'est lui qui m'a révélé au piano Berlioz et Wagner. Il me joua d'abord des fragments de *Tannhaüser* et de *Lohengrin*. Ces partitions avec celle du *Vaisseau Fantôme*, étaient alors, je crois, les seules traduites en français. Dans la lettre d'avril 1869 où il me rendait compte de la répétition générale de *Rienzi* au théâtre-lyrique, il ne jugeait pas le style de Wagner considéré dans l'ensemble de ses productions, mais dans *Rienzi* seulement.

Il ne m'a rien communiqué de son opéra d'*Iwan le Terrible*, et je ne sais pas si, en l'écrivant, comme le croit M. Pigot dont le livre sur lui est très documenté, il s'était inspiré de Verdi. Puisqu'il l'a, pense-t-on, brûlé plus tard, il y a là, une preuve que, s'il avait un moment subi son influence, il s'en était bien affranchi. On lira la lettre de mars 1867 où il me parle de son éclectisme au sujet de son opinion défavorable à *Don Carlos*. Tandis qu'il était impitoyable pour la grossièreté et pour le laid, pour ce qu'il appelait «des ordures», il tenait, je le répète, à prendre le beau partout où il le rencontrait. Dans *Rigoletto*, il prisait le quatrième acte qu'il m'avait exécuté au piano avec aussi la scène de Rigoletto et de Sparafucile, le spadassin' au deuxième acte, scène qu'il distinguait pour sa couleur et la justesse de l'accent.

On a publié la correspondance de Bizet avec M. Paul Lacombe[2]. J'ai déjà indiqué combien il était satisfait lorsqu'il découvrait un morceau ayant de la valeur et quel zèle il mettait à le signaler. Un jour, il y avait sur son piano quand j'entrai chez lui à Paris, rue Fontaine, plusieurs exemplaires de la *Sonate en la mineur* pour piano et violon de M. Paul Lacombe. Il m'en donna un. Cette sonate, qui venait de paraître, lui était dédiée. Il m'expliqua que l'auteur, alors un inconnu, habitait Carcassonne d'où il lui avait écrit. Puis Bizet s'assit devant son piano, me joua la sonate d'un bout à l'autre en fredonnant la partie de violon, et je partageai d'emblée son enthousiasme, enthousiasme qu'elle provoqua chaque fois qu'il la rejoua devant moi dans la suite pour la faire entendre à d'autres amis.

Lorsqu'il était à Rome, il avait écrit à Marmontel qu'il avait le projet de composer pour son envoi de deuxième année la musique de *La Esméralda* de Victor Hugo[3]. Mais il changea d'idée, et se décida à faire *Vasco de Gama*. Je ne me rappelle pas bien s'il m'a dit avoir travaillé sur ce poème. Ce dont je suis certain, c'est qu'il m'avait conseillé de m'en servir pour m'exercer. Sur sa demande, je lui portai la brochure illustrée, et en même temps qu'il m'indiquait de vive voix comment il fallait procéder, il mettait rapidement sur diverses pages des signes au crayon. En parcourant la pièce, il y a quelques années, des souvenirs assez vifs me revinrent en revoyant ces signes. Pour les fixer, je rédigeai une note, et je la joignis à la brochure. Elle me paraît avoir de l'intérêt, et je la reproduis en grande partie:

«...Il (Bizet) marqua par des traits et des chiffres les vers qui lui semblaient devoir être supprimés ou changés de place afin de donner plus de vie, de réalité au drame. Il avait même entièrement tracé le plan de plusieurs scènes; au quatrième acte, notamment, celui du monologue de Quasimodo et du dialogue de Claude Frollo et de Clopin. Pour Quasimodo, au lieu d'un air sur l'ancienne coupe, en mouvement lent, d'abord, avec un allegro ensuite, il commençait bien d'une façon calme, dans un sentiment doux et mélancolique, mais il s'arrêtait après ces vers:

> Toute rose
> Qui fleurit!
> Toute chose
> Qui sourit!

et passait à ceux-ci:

> Sonnez, sonnez toujours!

chantés en un allegro très animé, très vif. Il finissait en reprenant le premier mouvement et en revenant aux vers numérotés 3:

> Triste ébauche,
> Je suis gauche,

jusqu'aux derniers de trois pieds:

> Noble lame,
> Vil fourreau,
> Dans mon âme

Je suis beau.

Le dialogue de Claude et de Clopin était dit pianissimo, en mesure à $^6/_8$ d'un rythme entrecoupé. Vis-à-vis de ces vers de Claude:

> Mais que l'enfer la remporte,
>   Compagnon,
> Si la folle à cette porte
>   Me dit non!

il avait écrit: Sommet. C'était un forte ou même un fortissimo; c'était la passion que Claude ne contenait plus. L'ensemble était supprimé. Seul, Clopin chantait pianissimo les quatre derniers vers pendant que l'orchestre rappelait en finissant decrescendo le premier motif. Bizet, en regard de ces vers, avait donc écrit: Coda. Il avait improvisé ces deux scènes devant moi en s'accompagnant au piano.»

Maintenant, au lieu d'une improvisation, la musique de ces scènes était-elle une réminiscence? Voilà ce que j'ai oublié.

Au début de nos relations, avant qu'il eût entrepris la *Jolie Fille de Perth*, il avait été question d'un *Nicolas Flamel*, et j'ai assisté au Vésinet à un entretien qu'il avait à ce sujet avec l'auteur des paroles, M. Ernest Dubreuil. Il esquissa même au piano une scène devant nous pour montrer comment il pensait la caractériser. Ce projet fut bientôt abandonné.

À la même époque,—c'était probablement en mai 1865,—il me chanta au piano un chœur pour voix d'hommes qu'on lui avait demandé de la Belgique. Il y avait été appelé comme membre du jury dans un concours, et il en arrivait. Ce chœur était sur des paroles de Victor Hugo[4]. «Écoutez. Je suis Jean. J'ai vu des choses sombres.» Il débutait par une introduction d'un mouvement large; puis, c'était une fugue avec la coda sur ces mots: «Certes, je vais venir.» Je fus stupéfait du caractère élevé et de la difficulté de ce morceau. Alors Bizet m'expliqua que l'orphéon belge marchait dans une voie complètement opposée à celle que suivait l'orphéon français, et que ce chœur serait fort bien exécuté. Il n'est sans doute pas gravé, car il ne figure pas au catalogue des œuvres complètes dressé par M. Pigot à la fin de son ouvrage sur Bizet. On devrait rechercher le manuscrit. Malheureusement, je ne me rappelle pas à l'orphéon de quelle ville de Belgique il était destiné. J'ai une vague idée que ce n'était pas Bruxelles, mais je ne puis rien affirmer[5].

Le *Scherzo* de *Roma* est également une des premières composition de lui qu'il m'ait jouées, peut-être la première. C'était au Vésinet. Primitivement, il avait envoyé ce *Scherzo* de Rome à l'Institut. Quant à la symphonie, qu'il ne devait achever que deux ans après, il commença à y travailler en 1866. Au mois de mai ou de juin, je l'ai entendu au Vésinet chercher des motifs au piano pour le premier morceau. Un jour, il me donna un devoir de contre-point à faire et me conseilla d'aller l'écrire dans la chambre de son père qui était absent, pendant que lui s'occuperait de sa symphonie. Le devoir n'avançait pas vite, car j'étais, en effet, fort distrait, prêtant beaucoup l'oreille aux sons du piano qui m'arrivaient de l'autre côté du jardin, du cabinet de Georges. M. Pigot a raconté dans son livre l'histoire du *Scherzo* et de la symphonie. Je n'ai donc simplement qu'à insérer dans cette introduction les lignes suivantes extraites de ma brochure de 1877:

«Le titre, *Souvenirs de Rome*, a dû être choisi au dernier moment, car Bizet ne m'en avait jamais parlé. Il voulait d'abord écrire une symphonie dans la forme de celles de Beethoven et de Mendelssohn, où eût pris place un *Scherzo* joué à l'Institut après son retour de Rome, et plus tard par l'orchestre de M. Pasdeloup. On a vu qu'en la retouchant, il ne paraissait pas songer à écrire de la musique descriptive.»

Pour la *Jolie Fille de Perth*, je dois faire remarquer, à propos du résumé du premier acte qu'il m'envoyait dans sa première lettre de septembre 1866, que, plus tard, deux morceaux ont été supprimés: une romance de Smith après la sortie des forgerons, et un duo entre Smith et Mab. Ce duo a été remplacé par les couplets de Mab. Je trouve encore un passage à prendre, touchant cet ouvrage, dans la brochure de 1877. J'écrivais alors:

«On a vu[6] qu'il s'était plusieurs fois déclaré satisfait de son œuvre. Il tenait à faire le moins de concessions possible au faux goût du public, ayant au plus haut degré le respect de son art, et dédaignant les succès obtenus par des moyens que réprouvait sa conscience d'artiste. Lorsque, en 1867, il me fit connaître sa partition, il me communiqua d'abord les morceaux qu'il croyait avoir le plus de valeur. Ce sont: au premier acte, le duo de Smith et de Catherine, au moins la phrase principale; au deuxième, le chœur de la ronde de nuit, la danse bohémienne et l'air de Ralph, où M. Lutz se fit tant applaudir; le duo de Mab et du duc avec le menuet dans la coulisse, au troisième acte; au quatrième, le duo de Smith et de Ralph avec chœur et le chœur de la Saint-Valentin.»

En me jouant la ballade à roulades de Catherine au quatrième acte, il me dit qu'il était obligé de céder là-dessus, qu'il avait tâché de faire en même temps quelque chose qui restât musical, et me demanda s'il y avait réussi. On connaît la lettre qu'il écrivit à Johannès Weber après la première représentation, lettre que le critique publia dans son feuilleton du *Temps*, numéro du 15 juin 1875[7], et où on lisait ces mots: «J'ai fait cette fois encore des concessions que je regrette, je l'avoue. J'aurais bien des choses à dire pour ma défense, etc.»

Pendant l'exposition universelle de 1867, on avait ouvert un concours entre les musiciens pour la composition d'une cantate et d'un hymne. Bizet et Guiraud prirent part à ce concours sous un pseudonyme inscrit dans le pli cacheté joint aux manuscrits. On verra dans la première lettre de juin 1867 que celui de Bizet était Gaston de Betsi, et Tésern, celui de Guiraud, mais Guiraud, je crois, n'avait adopté le pseudonyme que pour l'hymne. Tous deux avaient donné l'adresse des compositeurs imaginaires à Montauban; Bizet, chez moi, Guiraud, chez un de mes amis. La cantate était jugée par eux intéressante; ils pensaient qu'on pouvait écrire avec elle de la vraie musique, et celle de Bizet était belle, en effet. L'hymne, au contraire, accompagné par une fanfare, leur paraissait n'être qu'un chœur d'orphéon, et ils le tournaient en charge, s'étudiaient à être vulgaires. Bizet, pour qu'on ne reconnût pas son écriture, me le faisait copier, et je me souviens d'une bonne soirée de travail à nous trois, au mois de mai, rue Fontaine, Guiraud et lui orchestrant leurs cantates, moi transcrivant son hymne. Quand je fus rentré à Montauban, je reçus de Guiraud un billet qui contenait, au sujet de l'hymne, un mot bien caractéristique puisqu'il me parlait du *cas où il aurait réussi à faire assez mauvais pour que son enveloppe fût décachetée.*

Bizet se servit du même pseudonyme pour signer le seul article de lui qui parut à la *Revue Nationale*; il modifia seulement l'orthographe, mettant Betzi, avec un z, au lieu de Betsi. Nous n'avons pas, plus tard, en 1868, beaucoup causé de cet article. Il me semble qu'il n'en était pas très satisfait. On verra dans sa première lettre d'octobre 1867 comment le second, qu'il avait préparé, ne fut pas inséré. Depuis lors, il ne s'occupa plus de critique.

Sur *Noé*, je disais en 1877:

«Après la *Jolie Fille de Perth* on lui proposa de terminer ou de refaire un opéra de M. de Saint-Georges, *Noé*, qu'Halévy avait laissé inachevé. Le poème lui plut; certaines situations en étaient très musicales et bien faites pour séduire un compositeur. Mais il renonça bientôt à l'écrire et ne s'occupa guère alors que de musique instrumentale.»

J'indiquais plus loin qu'après son mariage, il avait repris ce travail. Quand il m'en causa, au printemps de 1868, j'avais compris qu'il ne s'agissait pas simplement d'orchestrer, mais que des morceaux entiers n'étaient pas commencés. Même encore, je crois me rappeler qu'il me parla notamment d'une belle musique symphonique à écrire au début d'un acte, le rideau levé, avec le décor du désert, l'ange debout se détachant en silhouette sur la clarté de l'aube et veillant sur le sommeil de la femme allongée au pied d'un palmier.

Mes études de contre-point et de fugue terminées, il m'avait engagé, comme exercice, à composer le livret du concours de 1868 à l'Opéra, la *Coupe du Roi de Thulé*. Je n'allai pas plus loin que les deux premiers actes. On verra comment il fut amené, lui aussi, à faire la musique de ces deux actes, ce qui augmente encore l'intérêt des lettres où il analysait pour moi les caractères et les situations de la pièce.

Sur *Djamileh*, je répéterai ce que j'avais noté en 1877, que «je lui avais souvent entendu exprimer le désir d'écrire un opéra sur la *Namouna* de Musset». Le sort de «cette pauvre fille», c'était son expression, éveillait sa compassion.

Je dois reproduire enfin un dernier passage de ma brochure de 1877:

«Comme pianiste, il (Bizet) possédait un talent de premier ordre, qu'il n'a jamais fait connaître en public. D'après lui, un compositeur devait s'attacher à devenir pianiste, afin de s'habituer par là à donner de la précision à sa forme. Il me citait les noms des grands compositeurs qui avaient été excellents pianistes: Jean-Sébastien Bach, Mozart, Beethoven, Meyerbeer, etc. L'exécution soignée des fugues de Bach lui paraissait à ce titre indispensable pour former un bon musicien. Après avoir entendu M. Delaborde sur le piano à pédalier de la maison Érard, il songea à composer de la musique de piano. Mais il ne donna suite à ce projet qu'après avoir d'abord écrit la symphonie.»

Ce passage n'était qu'un mémento parce que je craignais d'être maladroit et, en paraissant excessif, de provoquer des doutes au lieu de convaincre. J'ai donc aujourd'hui à développer ce trop court abrégé, d'autant mieux que d'autres témoignages plus autorisés sont venus corroborer le mien.

Les facultés exceptionnelles de Bizet se manifestèrent de très bonne heure. Le père Bizet m'a raconté de son côté une anecdote rapportée par Victor Wilder dans le *Ménestrel* et citée par M. Pigot dans son volume, pages 3-4. Il s'agit de la présentation de Georges, qui avait neuf ans seulement, à un membre du Comité des études du Conservatoire. Celui-ci, voyant l'enfant si jeune, accueillit d'abord froidement le père et l'ami qui le lui conduisaient. «Il faut lui faire deviner des accords, dit-il.—Tout ce que vous voudrez», répondit le père. On plaça Georges de façon qu'il ne pût voir le clavier, on plaqua des accords, et il les nomma tous sans se tromper une seule fois.

Plus tard, son extrême habileté de lecteur fut remarquée. Après sa mort, Marmontel, dans son livre *Symphonistes et Virtuoses*, a déclaré que «son jeu» avait «un charme inimitable», et qu'il était un «virtuose consommé», tandis qu'Émile Perrin, dans le discours qu'il prononçait, le 10 juin 1876, à l'inauguration du monument élevé sur sa tombe[8], le qualifiait *d'exécutant incomparable*.

Voici les recommandations qu'il m'avait faites lorsqu'il m'avait exhorté à étudier sérieusement le piano: me surveiller, me critiquer, *m'écouter* très attentivement et recommencer les passages jusqu'à ce que l'attaque de la touche produisît la qualité de son voulue, ne pas me contenter d'à peu près, apprendre l'emploi raisonné de la pédale pour soutenir les sons même pendant les plus courts moments quand c'était nécessaire et durant que la main était forcée d'abandonner une ou plusieurs touches dont les cordes pourtant devaient continuer à vibrer. Il obtenait, du reste, des effets merveilleux de douceur par l'usage simultané des deux pédales, et, dans le fortissimo, joignait toujours le moelleux, le velouté, à la vigueur et à l'éclat. C'était une chose des plus émouvantes, une des plus hautes sensations d'art, que de lui entendre dire à demi-voix, quelquefois presque à voix basse, en s'accompagnant au piano,—et avec son organe de ténor il chantait tour à tour les parties de femmes, de baryton ou de basse,—c'était une des plus hautes sensations d'art que de lui entendre dire les belles pages qu'il choisissait dans les œuvres des maîtres dont il possédait à Paris une riche bibliothèque. Le souvenir de ces auditions me revient souvent, et il me semble alors que résonnent encore à mes oreilles tantôt un morceau, tantôt l'autre: certains accents superbes du rôle de Cassandre dans la *Prise de Troie* de Berlioz, «Tu ne m'écoutes pas, tu ne veux rien comprendre,» plus loin, la vision de la prophétesse, ses paroles entrecoupées et les dessins de l'orchestre remplissant les silences de Cassandre, ou bien l'étude de la *Chasse* de Heller, le numéro XIV en fa mineur des *Nuits Blanches* du même, les 32 *variations* de Beethoven sur un thème en ut mineur, la *Marche Funèbre* de Chopin, des fugues et des préludes du *Clavecin bien tempéré* de Sébastien Bach. Il avait beaucoup insisté sur le double profit, pour les doigts et pour le sentiment, qu'il y avait à retirer de ce recueil si l'on s'attachait à le travailler. Il m'en exécutait des pièces difficiles avec une technique impeccable et en grand musicien, mettant en relief les parties principales, et il me faisait remarquer ce qu'il y avait de moderne dans certaines de ces pièces, comme dans le prélude en si bémol mineur, numéro XXII du premier cahier, qu'il jouait avec une expression passionnée et douloureuse de la plus vive intensité, mais sans l'ombre d'une exagération et toujours guidé par un goût parfait. Il était d'avis que le pianiste, pour bien ressentir l'émotion esthétique et bien nuancer, devait fredonner, s'aider de la voix qui le portait, animait, colorait son jeu, et lui-même s'en servait, surtout lorsqu'il interprétait un morceau d'orchestre, imitant, à bouche ouverte ou à bouche fermée, le timbre des divers instruments, complétant ou soulignant les détails et les contre-chants. D'ailleurs, il possédait à un tel degré l'art de faire vibrer le piano dans toutes les portions à la fois de son étendue et d'en varier les timbres, qu'il rendait admirablement, sans le secours de la voix, les réductions d'orchestre telles que la *Marche Nuptiale* du *Songe d'une Nuit d'été* de Mendelssohn, et qu'il éveillait l'idée de l'orchestre même dans des œuvres écrites pour piano comme la *Marche Funèbre* n° 3 du cinquième recueil, op. 62, des *Romances sans paroles*, du même auteur. Il pensait aussi que, pour approfondir et perfectionner un morceau, il fallait l'apprendre par cœur. Sa mémoire, d'ailleurs, était extraordinaire, et il pouvait composer de longs ouvrages sans en écrire une note.

Quant à ce qui est de l'orchestration elle-même, il jugeait qu'elle gagnait en n'étant pas touffue. Comme je louais un jour celle d'un compositeur dont quelques effets particuliers m'avaient séduit, il m'interrompit pour critiquer l'ensemble de ses procédés: «Non, soutint-il, il avait des préjugés. Ça manque d'air, et, dans l'orchestre, il faut de l'air.» J'ai pu me rendre compte une fois de tout le soin qu'il apportait dans le choix des combinaisons, dans la composition des colorations. J'ai raconté plus haut que nous étions un soir à travailler chez lui avec Guiraud, eux orchestrant leur cantate de l'exposition de 1867, moi copiant son hymne. Guiraud et moi, nous étions aux deux bouts de la table, Bizet, au milieu, le piano derrière lui. Un moment, il se leva, essaya quelques accords à plusieurs reprises en fredonnant, puis se tournant vers nous, nous questionna: «Quels instruments entendez-vous? Je n'arrive pas à trouver ce que je voudrais.» Nous le lui dîmes, tous les deux, Guiraud un peu distraitement, sans interrompre sa besogne, moi curieux de savoir ce qu'il penserait de ce que j'indiquais. Il nous répondit: «Oui, c'est cela, sans doute, mais pas tout à fait, pourtant.» Et il continua de chercher. Un instant après il reprit: «Je tiens! J'ai assez de douceur avec les cors; avec deux bassons, je n'aurais pas assez de mordant, je vais en mettre quatre.» Il ajoutait aussi les violoncelles, les altos et, peut-être, les clarinettes dans le chalumeau. Malheureusement, je ne me rappelle plus d'une façon suffisamment précise de tous les timbres qu'il employait. Ce qu'il m'est encore possible d'affirmer, c'est que du dosage de chacun de ces éléments et de leur mélange, il devait naître une sonorité nouvelle.

Jusqu'ici, je me suis borné à témoigner, et je me suis efforcé de ne pas apprécier. Maintenant, avant de terminer, je demanderai qu'il me soit permis de réclamer contre un oubli et de protester contre une légende.

On ne voit généralement dans l'œuvre de Bizet que l'*Arlésienne* et *Carmen*, et je ne méconnais pas que ce ne soient des chefs-d'œuvre où il n'y a pas une faiblesse. Cela n'empêche pas, pourtant, qu'il ne soit injuste de ne tenir aucun compte des beautés que renferment les *Pêcheurs de Perles*, la *Jolie Fille de Perth*, *Djamileh*, la symphonie, l'ouverture dramatique, *Patrie*, les mélodies, dont plusieurs, les *Adieux de l'Hôtesse Arabe*, *Vous ne priez pas*, *Ma vie a son secret*, sont admirables et si poignantes, d'autres morceaux encore pour piano et la *Marche Funèbre* où il y a des passages vraiment inspirés. Je ne m'étends pas sur ce sujet, car mon opinion peut sembler partiale. Si je la donne en passant, c'est que c'est celle aussi de connaisseurs d'un goût sévère et sûr.

Quant à cette croyance qui tend à s'accréditer et d'après laquelle Bizet serait mort du chagrin d'être méconnu et d'avoir eu ses ouvrages accueillis d'une manière défavorable par une partie de la critique, elle ne repose sur rien d'exact, et je considère comme un devoir d'en réunir et d'en fournir les preuves. Certes, ce n'est pas dans un esprit de dénigrement et de malveillance qu'on répète les récits qui ont cours, et c'est plutôt, au contraire, dans des sentiments de réparation et de sympathie, mais la vérité n'en est pas moins très différente de ces récits, et, quelque triste qu'elle soit, elle est moins pénible pour moi parce qu'elle ne diminue pas la valeur morale de l'ami que je connaissais bien qu'elle n'altère pas la physionomie d'un artiste absolument sincère. Nature élevée, Bizet cherchait par-dessus tout à réaliser son idéal, et les petites blessures d'amour-propre ne comptaient guère pour lui. Le représenter autrement, c'est le mal juger.

Sans doute, Marmontel, dont il a été l'élève et qui l'appréciait comme il méritait de l'être a bien, en effet, écrit ceci: «La nature si honnête et si franche de Georges Bizet a cruellement souffert de cette âpreté souvent excessive de la critique. Sous une apparence froide, le cœur du vaillant compositeur battait vite et fort, et, quoique bien trempée, son âme s'est brisée avant l'heure dans ces combats journaliers, où il faudrait pouvoir regarder ses ennemis en souriant. Moins épris de son art, moins jaloux de ses œuvres, Bizet serait encore une des gloires de l'école française. Une extrême nervosité, jointe à un vif sentiment de sa dignité professionnelle, lui donne le triste privilège de figurer dans la galerie des morts célèbres[9].»

Oui, Marmontel a bien écrit ces lignes, mais il déclare aussi que Bizet était malade avant les répétitions de *Carmen*, et voici le portrait que, finalement, il trace de lui: «Tous ceux qui ont connu Bizet rendront comme nous témoignage des nobles et généreuses qualités de son cœur, de l'élévation et de la délicatesse de ses sentiments. D'un jugement sain et droit, et d'une conscience rigide, G. Bizet ignorait les compromis; il avait au suprême degré le sentiment du juste et l'horreur de l'intrigue... Bizet était bon, généreux, dévoué, fidèle à toutes ses affections; son amitié, sincère et inaltérable était solide comme sa conscience[10].» Et plus loin, Marmontel ajoute encore ceci qui confirme entièrement ce que j'ai, moi-même, signalé plus haut[11]: «Ami fidèle, camarade dévoué, ne connaissant ni l'envie, ni les mesquines jalousies, G. Bizet, dont la générosité de cœur ne s'est jamais démentie, était heureux des succès de ses émules de la veille et de ses rivaux du lendemain. Son esprit élevé, ses sentiments délicats l'entraînaient à encourager les moins heureux, à consoler ceux qu'avait trahis la fortune; et c'était avec une entière sincérité qu'il applaudissait au triomphe de ses concurrents[12].» Il y a donc contradiction entre ces dernières appréciations de Marmontel et les premières concernant sa mort, car enfin, *a priori*, on a peine à admettre qu'un artiste «ne connaissant ni l'envie, ni les mesquines jalousies», qu'un artiste «dont la générosité de cœur ne s'est jamais démentie», et qui «était heureux des succès de ses émules de la veille et de ses rivaux du lendemain», on a de la peine à admettre qu'un pareil artiste ait souffert au point d'en mourir des injustices du public et de la critique. Eh bien, pour qu'on soit à même de se prononcer en connaissance de cause, examinons les faits.

Bizet, très jeune, écrivait de Rome à Marmontel: «La sottise aura toujours de nombreux adorateurs; après tout, je ne m'en plains pas, et je vous assure que j'aurais grand plaisir à n'être apprécié que par de pures intelligences. Je ne fais pas grand cas de cette popularité à laquelle on sacrifie aujourd'hui honneur, génie et fortune[13].»

C'était en 1860 qu'il s'exprimait de la sorte. Avait-il changé depuis? Je m'en serais bien aperçu, car, soit dans nos conversations, soit dans ses lettres, il était avec moi d'une absolue franchise, et pourtant, je n'ai jamais remarqué chez lui la moindre trace de vanité. Il m'est arrivé plusieurs fois de lui entendre soutenir, sur quelque point d'esthétique musicale ou dramatique, une opinion tout à fait différente de celle qu'il avait quand nous nous étions vus l'année d'avant. Alors, je lui en faisais l'observation, et il me répondait, avec un ton de voix qui, à lui seul, dénotait l'absence complète de tout souci d'amour-propre et l'unique préoccupation de la découverte du vrai et de la réalisation du beau: «Oui, mais depuis j'ai réfléchi». Et il m'exposait les raisons qui l'avaient amené à modifier ses idées.

Je ne sais s'il avait été très affecté de l'accueil plus que froid que son premier ouvrage, les *Pêcheurs de Perles*, avait, en général, rencontré auprès de la critique, mais, quand nous nous sommes liés, il en avait si bien pris son parti qu'à part deux ou trois morceaux qu'il chantait en s'accompagnant au piano, lorsque les amis qui venaient chez lui à cette époque le priaient de leur en faire entendre quelque chose, il en parlait comme d'une œuvre sans valeur. Le jour où il apprit que j'avais acheté la partition, il se montra fort contrarié et se récria:

—Pourquoi ne m'avez-vous pas prévenu? Je vous l'aurais donnée.

D'ailleurs, vous n'aviez pas besoin d'avoir ça.

Plus tard, néanmoins, après l'avoir relue, il se déclara satisfait d'avoir pu écrire aussi jeune un certain nombre de pages. Voici, en définitive, à quoi se réduisait, d'après lui, ce qu'il y avait d'à peu près bien dans cet opéra: au premier acte, l'andante du duo de Nadir et de Zurga:

Au fond du temple saint...

et la romance de Nadir:

Je crois entendre encore
Caché sous les palmiers...

au deuxième acte, le chœur chanté dans la coulisse:

L'ombre descend des cieux...

puis, la cavatine de Leïla:

Me voilà seule dans la nuit...

au troisième acte, enfin, l'air de Zurga:

L'orage s'est calmé....

Quant à tout le reste, cela ne valait pas qu'on s'y arrêtât, et ne méritait que l'oubli. Ce jugement était prononcé avec une telle conviction que je me laissai influencer. Je l'adoptai sur la parole du maître, et je suis demeuré longtemps sans le modifier. Plus tard, je rouvris la partition, je la jouai d'un bout à l'autre, et je compris alors que Bizet avait été trop sévère, et que j'avais eu tort d'accepter trop facilement son appréciation. Sans doute, on trouve ça et là dans les *Pêcheurs de Perles* des imperfections, des faiblesses, mais un musicien de génie était seul capable de les composer à vingt-quatre ans, et il y a dans cette pièce plus de talent que dans beaucoup d'autres qui ont dépassé la centaine ou qui ont été représentées avec luxe sur la scène de l'Opéra. Du reste, Bizet se rendait bien compte que le fait d'avoir eu un ouvrage en trois actes joué même sans succès, lui avait créé une situation supérieure à celle d'autres musiciens qui n'avaient réussi à produire au théâtre que des pièces en un ou deux actes.

On verra plus loin dans ses lettres les sentiments qu'il éprouvait en constatant la réception faite à ses autres œuvres. On sait déjà qu'il avait travaillé avec soin la cantate mise au concours pour l'exposition de 1867. Il n'a pas le prix; il n'a pas même de mention. Comment prend-il la chose? «J'ai été embêté une demi-heure. C'est bien fini[14].» Il est *ravi*, d'ailleurs, que le prix ait été attribué à M. Saint-Saëns. C'est que, chez lui, lorsqu'il y en a, le découragement est court.

Quant à la *Jolie Fille de Perth*, il pense qu'elle a «obtenu un vrai et sérieux succès[15]».

La symphonie a provoqué des manifestations opposées. Il note des chuts et plusieurs coups de sifflet, mais sans aucune amertume, déclare qu'elle «a très bien marché», et conclut: «En somme, succès[16].»

La première représentation de *Djamileh* eut lieu le 22 mai 1872, et voici ce qu'il m'écrivait le 17 juin: «*Djamileh* n'est pas un succès. Le poème est vraiment antithéâtral, et ma chanteuse a été au-dessus de toutes mes craintes. Pourtant, je suis extrêmement satisfait du résultat obtenu. La presse a été très intéressante, et jamais opéra-comique en un acte n'a été plus sérieusement, et, je puis le dire, plus passionnément discuté[17].» Si l'on veut rapprocher de cette lettre les jugements des critiques, on en trouvera des extraits dans le volume de Louis Gallet, l'auteur des paroles de *Djamileh*, *Notes d'un Librettiste*, pages 26-40.

Il est possible qu'en sortant de la première de *Carmen*, il ait subi une dépression morale passagère, mais Guiraud ne me l'a pourtant pas signalée, n'y attachant pas probablement plus d'importance qu'il ne convenait, et il ne m'a pas parlé de cette marche dans Paris qui aurait duré toute la nuit et pendant laquelle Bizet, seul avec lui, aurait exhalé sa douleur. D'ailleurs, dans un article du *Théâtre*[18], sur la *Millième*

Représentation de Carmen, Ludovic Halévy a écrit ceci qui est très positif: «Nous habitions, Bizet et moi, la même maison..., nous rentrâmes à pied, silencieux. Meilhac nous accompagnait.» M. Vincent d'Indy m'a raconté qu'après le premier acte, lui et d'autres jeunes musiciens rencontrèrent Bizet qui se promenait rue Favart, sur le trottoir où donnait l'entrée des artistes, et qu'ils l'entourèrent en le félicitant de tout ce qu'il y avait de vie dans ce premier acte. Il leur répondit doucement:—Vous êtes les premiers qui me disiez ça, et je crains bien que vous ne soyez les derniers.»

Seulement, les dispositions pessimistes ne durèrent pas, et nous avons à cet égard deux témoignages très catégoriques.

Dans la préface des *Notes d'un Librettiste*, Ludovic Halévy, s'adressant à Louis Gallet, déclare ceci: «Vous donnez, dans votre étude sur Bizet, de bien curieux extraits des articles publiés sur *Djamileh*. Aussi cruels, aussi injustes, furent les articles sur *Carmen*. Je vois encore Bizet lisant ces articles, au lendemain de la première représentation. Attristé, oui certes il l'était, mais découragé, non[19].» Et Ludovic Halévy a renouvelé cette affirmation dans son article du *Théâtre*[20]: «Après cette fâcheuse première, les représentations continuèrent, non pas, comme on l'a dit à tort, devant des salles vides; les recettes étaient, au contraire, honorables et dépassaient généralement celles des pièces du répertoire. Et peu à peu, à chacune des représentations de *Carmen*, grossissait le groupe, d'abord si mince, des admirateurs de l'œuvre de Bizet. Il en fut ainsi pendant les mois de mars, d'avril et de mai. Bizet partit pour la campagne, attristé, mais non découragé. Il était de nature énergique et il avait en lui-même une légitime confiance.» On remarquera,—Bizet qui était encore à Paris avait pu s'en rendre compte,—que la pièce s'était relevée après la première représentation. Ludovic Halévy le constate, et c'était encore, du reste, l'opinion de la principale interprète. M. Arthur Pougin a écrit dans le *Ménestrel*[21] un article intitulé *La légende de la chute de Carmen et la mort de Bizet*. Or, voici ce qu'on y trouve: «Oui certainement, Me Galli-Marié a raison, et il faudrait en finir une bonne fois avec cette légende bête et inexacte de la chute de *Carmen* qui aurait causé la mort de Bizet... Je n'ai jamais cessé de protester, pour ma part, contre cette sottise, et j'estime qu'il est bon et utile de rétablir les faits. C'est ce que Me Galli-Marié a fait récemment, dans une conversation avec un de nos confrères de province, M. Bernard, rédacteur du *Petit Niçois*, qui la rapporte en ces termes:

—L'insuccès de *Carmen* à la création, mais c'est une légende! *Carmen* n'est pas tombée au bout de quelques représentations, comme beaucoup le croient... Nous l'avons jouée plus de quarante fois dans la saison, et quand ce pauvre Bizet est mort, le succès de son chef-d'œuvre semblait définitivement assis.»

Gallet rapporte aussi de son côté, dans ses *Notes d'un Librettiste*, des faits qui ne laissent subsister aucun doute sur l'état d'esprit de Bizet[22]. À sa demande, Gallet avait écrit pour lui un poème sur *Geneviève de Paris* qu'il destinait, une fois mis en musique, aux concerts Lamoureux. C'est afin de s'entretenir avec lui de ce poème que Gallet alla le voir pour la dernière fois avant son départ pour la campagne et peu de jours avant sa mort. «Je le trouvai, dit-il, un peu accablé, souriant d'un sourire encore mélancolique, plein d'ardeur pourtant à la pensée du labeur prochain. Assis à l'angle de la cheminée, dans son fauteuil de malade, il me parla longuement et de ses souffrances passées et de ses rêves d'avenir.—La maladie, il en riait déjà, la croyant vaincue!—Les rêves, il les recommençait avec une satisfaction toujours nouvelle! Bien loin déjà étaient *Djamileh*, disparue si vite, *Carmen*, discutée, dédaignée aussi par certains, *L'Arlésienne* plus heureuse, *Don Rodrigue* même arrêté dans son essor par l'incendie de l'Opéra et la préférence accordée à un autre ouvrage. Toutes les forces renaissantes du compositeur, toute son ardeur rajeunie tendaient alors vers cette *Geneviève* pour l'achèvement de laquelle il s'était donné naguère trois mois: mai-juin-juillet[23].»

Eh bien, le vrai Bizet, le voilà. C'est le même que celui qui m'écrivait, sachant qu'il n'avait pas le prix au concours de la cantate pour l'exposition de 1867: «J'ai été embêté une demi-heure. C'est bien fini.» C'est celui qui ne pensait plus aux ouvrages représentés et ne songeait qu'aux œuvres projetées. Au Bizet rapetissé par la légende, l'histoire oppose le Bizet réel: un consciencieux et pas un vaniteux. Et si elle ne diminue pas ainsi, chez ses admirateurs, la profondeur des regrets, puisqu'elle permet de mesurer, au contraire, toute l'étendue de la perte, du moins leur offre-t-elle une image fidèle du maître regretté, image qu'ils conserveront pieusement dans son intégrité et dans sa pureté[24].

EDMOND GALABERT.

LETTRES À UN AMI

—1865-1872—

Mon cher ami,

Voici vos contre-points[26]. J'ai corrigé les pages 1, 3, 5 et 9. Les autres pages contenant les mêmes fautes, j'aime mieux vous les laisser corriger vous-même. Ce sera un excellent exercice pour vous, meilleur que d'en faire de nouveaux. Je suis très content. Ne vous effrayez pas du nombre de fautes. En réalité, cela se réduit à trois ou quatre fautes. Vous faites trop sauter votre chant; il faut écrire par degrés conjoints le plus possible. Quand je dis vous faites trop sauter, je devrais dire plutôt mal sauter. Vous allez me comprendre.

Ce mouvement est mauvais: Illustration: /-\/-\/-\

Celui-ci est excellent: Illustration: /\/\/\

Ex.: Illustration: musique

Cela est très mauvais, bien qu'il n'y ait que des sauts de tierces et de quintes.

Au contraire, ceci est bon:

Illustration: musique

Le 1er n'est pas vocal, le 2e est très facile à exécuter. C'est compris, n'est-ce pas? Mais ce qui est meilleur que tout, ce sont les degrés conjoints.

Mes corrections vous mettront à même d'éviter les fautes de quintes et d'octaves. Voici la règle: lorsque deux quintes sont séparées par un accord, elles sont bonnes (*de même pour les octaves*); lorsqu'une des deux quintes est formée par une note de passage, il n'y a pas faute. Ceci ne peut s'appliquer aux octaves, puisqu'une note formant octave est toujours réelle.

Ex.: Illustration: musique

Mauvais puisque les deux quintes ne sont pas séparées par un accord.

Exemples bons:

Illustration: musique

Maintenant, n'oubliez pas qu'on ne peut pas faire de quartes, de septièmes, etc., autrement qu'en notes de passage.

Ne faites que très rarement croiser les parties, c'est-à-dire passer la partie supérieure au-dessous de la partie inférieure, et quand cela vous arrive, n'oubliez pas que la partie qui croise devient basse et suit toutes les règles de la basse.

Ex: Illustration: musique

C'est comme s'il y avait:

Illustration: musique

Donc, une quarte, deux quintes, très mauvais.

Dans le contre-point en syncopes, ne brisez pas aussi souvent la syncope. Tâchez que vos syncopes fassent *dissonance* le plus souvent possible. N'oubliez pas que la quarte est dissonance comme la deuxième et la septième et comporte les mêmes obligations de résolution, et marchez!

Prenez les six pages de contre-point que je n'ai pas corrigées. Revoyez-les, corrigez-les, refaites-les, au besoin, et envoyez-les-moi. Pensez aussi au contre-point fleuri cinquième espèce. Ne vous fatiguez pas. C'est inutile. Adressez-moi du travail plus souvent et en moins grande quantité; vous risquerez moins de faire de la besogne inutile. Usez de moi. C'est avec grand plaisir que je saisis cette occasion de vous être utile et de vous donner un témoignage de la sympathie que vous m'inspirez. Courage, et croyez-moi votre mille fois dévoué et affectionné.

Mon père vous remercie et vous envoie tous ses compliments.

Pas de nouvelles de Lécuyer[27].

Juillet (?) 1865[28].

Il y a un grand progrès. Faites-moi encore une page de chaque espèce à deux parties. Faites attention à vos octaves dans les syncopes. Faites mieux chanter vos noires. Vous n'avez pas assez de degrés conjoints. Le contrepoint fleuri manque un peu de variété. Faites plus mélodique. Écrivez votre cantate[29]. Indiquez vos mouvements. Cela m'est égal que l'accompagnement de piano ne soit pas très fini. Indiquez les rythmes, les rentrées, que je voie l'harmonie; cela suffit. Courage. Ne vous fatiguez pas. J'ai vu Lécuyer qui m'a chargé de mille amitiés pour vous. Mon père vous dit mille choses. Moi, je vous serre la main de toute affection. Ne craignez pas de m'ennuyer. Envoyez-moi de l'ouvrage tant que vous voudrez.

Mille fois à vous.

Juillet ou bien août 1865[30]

Je suis enchanté de cet envoi. Ne vous inquiétez pas de l'orchestre. Vous savez déjà instrumenter. Si c'est la première fois que vous orchestrez, le résultat obtenu est presque incroyable. Le morceau n'est pas mauvais; il est d'une bonne forme. Je n'y vois rien à changer. La fin est jolie; la modulation en sol et le retour en mi (deux avant-dernières pages) sentent le bon style, la bonne manière. L'idée est seulement un peu terne. Lancez-vous, tâchez d'arriver au pathétique, évitez la sécheresse, ne faites pas trop fi de la sensualité, austère philosophe. Songez à Mozart et lisez-le sans cesse. Munissez-vous de *Don Juan*, des *Noces*, de la *Flûte*, de *Così fan tutte*. Lisez Weber aussi. Vive le soleil, l'amour... Ne riez pas et ne me maudissez pas. Il y a là une philosophie qu'on peut rendre très élevée. L'art a ses exigences. Du reste, livrez-vous à vous-même et ce sera bien. Merci du plaisir que vous m'avez fait en m'envoyant ces quelques pages. L'intelligence est chose rare en ce siècle de Béotiens, et ça fait plaisir de la rencontre à forte dose. À bientôt, cher ami, et croyez à toute ma sympathie, à toute mon affection.

Envoyez aussi souvent que vous voulez.

Fin de l'été ou automne de 1865[31].

Le contre-point va à merveille. Commencez à 3 parties. Vous avez un traité; lisez et marchez. La mélodie que vous m'envoyez est claire; il y a du progrès dans la forme. L'idée n'est peut-être pas très originale, mais cela ne m'inquiète pas. Tâchez de m'envoyer de la composition. Je suis impatient de lire une cantate de vous. Lécuyer est, en effet, à Béziers. *Iwan*[32] est à la copie. Je ne passerai pas avant fin janvier ou commencement février.

Mon père vous dit mille choses; moi, je vous serre la main de toute amitié. À bientôt.

Décembre 1865.

J'allais précisément vous écrire. Je m'inquiétais de vous, et votre lettre me cause une surprise extrême. Je n'ai reçu aucune cantate[33]!... Ce papier n'a pu s'égarer chez moi; on me remet très fidèlement mes lettres. Je ne sais que penser. Je suis enchanté de vous savoir en bonne santé et en bonnes dispositions de travail. Quelle bonne vie vous menez là-bas! Que je voudrais être à votre place! *Iwan* est encore retardé! le théâtre Lyrique n'a pas le sou!... Envoyez-moi quelque chose. Je vous écrirai plus longuement un de ces jours. Je suis accablé de besogne. Je ne sais où donner de la tête. Envoyez-moi du contre-point, de la composition, et à vous de tout cœur.

Décembre 1865[34].

...[35]Ne vous découragez pas. Tout cela chante bien; c'est bien écrit. Vous avez fait trop vite, ne vous doutant pas des pièges accumulés sous chaque note. Débarrassez-vous de ce mal d'octaves. C'est curieux, rien de tout cela n'est bon, et cependant, il est évident que c'est le travail d'un musicien. Quelquefois un travail correct est preuve d'évidente incapacité. Recommencez tout cela, et attention! Envoyez-moi dès que ce sera prêt. J'ai fini avec le Lyrique. *Iwan* retiré. Je suis en pourparlers avec le Grand-Opéra. Je vous tiendrai au courant.

À vous mille fois.

Fin décembre 1865 ou plutôt janvier, peut-être février 1866[36].

Bravo! Vite, un autre quatuor avec *scherzo* et du contre-point. Lancez-vous, inspirez-vous. Ce petit quatuor-là, tout naïf qu'il est, est au-dessus de bien des gens qui se croient forts. Je suis ravi de vous voir en si bonne voie. Voilà un fameux pas de fait. Soignez-vous; ne lisez pas trop! Je voudrais bien avoir le temps d'abîmer mes yeux sur Voltaire et Diderot. Rien de nouveau à l'Opéra. Il faut attendre encore et intriguer toujours. Comme c'est amusant! Travaillez, et à vous de toute amitié.

Fin mars ou avril 1866[37].

C'est en très bonne voie. Venez: nous travaillerons. Vous supprimez trop souvent la tierce dans les accords parfaits. À bientôt, et mille fois à vous.

Ma route a changé de nom: 10, route des Cultures, rive gauche, au Vésinet, Seine-et-Oise[38]. Tous les jours excepté mardi et samedi.

Juillet 1866.

Cher ami,

En plein XIXe siècle, lorsqu'une société soi-disant civilisée tolère, encourage même les monstruosités bêtes et inutiles, les odieux assassinats qui s'accomplissent sous nos yeux et auxquels notre belle Frrrrance va sans doute bientôt prendre part[39], les hommes honnêtes et intelligents doivent se rassembler, s'entendre, s'aimer, s'éclairer et plaindre les 999 millièmes d'idiots, de filous, de banquiers, de raseurs dont notre pauvre terre est couverte!... Ce qui signifie, mon cher ami, que je serai toujours mille fois heureux de recevoir vos lettres, de resserrer les nœuds de notre amitié qui, j'espère, vous est aussi chère qu'à moi.

Et d'abord, parlons de votre ami[40]. J'ai vu M. de... qui m'a promis de ne pas choisir un secrétaire sans m'avoir prévenu. Malheureusement, il n'est pas complètement décidé à reprendre un secrétaire. Il peut, dit-il, s'en passer. J'ai chaudement appuyé. Tout cela est vague, et je suis désolé de n'être pas un monsieur très influent au risque d'avoir quelques décorations étrangères. Dites à G. que je pense continuellement à vous, c'est-à-dire à lui. Si je vois poindre quelque chose, je marcherai immédiatement. Quant à *l'intérêt* que je prends à cette affaire, dites, ou plutôt ne dites pas au tuteurmécène, que j'entends le rendre tellement exorbitant qu'il n'en a, lui, le cher homme, jamais rêvé de pareil pour ses capitaux. C'est un 400 p. 100 qui se nomme le plaisir d'être bon à quelqu'un et à quelque chose... Décidément la culture des écus détraque le cœur et la cervelle. J'aime mieux mes fraises[41], mes ennuis et mes créanciers. Consolez G. Tâchez de lui faire prendre patience. Je ne vois rien, et croyez que cela me chagrine sérieusement.

Votre aventure au musée nous a fait rire aux larmes, Guiraud[42] et moi. Mille remerciements de tous deux et tenez-nous au courant de vos mœurs provinciales.

J'ai signé mon traité[43]. Je dois avoir mon premier acte lundi. Ma symphonie[44] est toujours inachevée. Il est vrai que j'ai à composer des mélodies pour Choudens. Je vous enverrai tout cela dès que ce sera publié[45]. Tout en achevant mes travaux d'éditeurs et en commençant ma *Jolie Fille de Perth*, je vais terminer ma symphonie pour laquelle j'ai un faible marqué, bien qu'elle me fasse endiabler.

Que faites-vous? Travaillez-vous? Il faut faire une bonne année de travail. Profitez de votre tranquillité. Si M. de Bismarck, aidé du choléra, son digne collègue en chair-à-pâté, nous fait rater l'exposition, nous retire nos élèves, nos éditeurs, notre pain, en un mot, j'irai vous demander asile et philosopher quelques semaines avec vous l'année prochaine, car, pour cette année, hélas! je vois bien qu'il n'y faut pas penser. À bientôt, cher, écrivez-moi, et croyez-moi toujours votre ami de toute sympathie, de toute affection et du meilleur de mon cœur.

Envoyez-moi de la besogne. Mille amitiés de mon père.

Lécuyer arrive demain.

Juillet 1866.

Très bien, cher ami, je suis très content de votre travail. Faites encore quelques noires sur blanches et continuez. Pas de frottements, pas d'unissons, que tout cela ait l'air facile. C'est là la véritable difficulté.

Je suis, cher ami, accablé de besogne: symphonie, opéra, courses, affaires, ennuis, etc. J'ai terminé ma symphonie. Je commence la *Jolie Fille*. La pièce sera jolie, je l'espère, mais quels vers!... c'est toujours comme dans le *Val d'Andorre*:

> Dans cette ferme hospitalière
> Nous trouverons, j'en suis *certain*,
> *Peut-être* une aimable meunière[46]
> Mais *à coup sûr* d'excellent vin.

À propos d'excellent vin, le vôtre fait la joie de tous mes amis, y compris Lécuyer et Guiraud qui vous envoient mille amitiés. Ce vin-là sent le soleil! C'est fameux! Je ne vois rien à l'horizon pour G. Hélas! cher ami, les hommes deviennent de plus en plus égoïstes. Depuis votre départ, cela marche encore mieux! J'ai des amis très atteints par la crise financière. La hausse de l'Italien a fait perdre beaucoup d'argent! Il est, paraît-il, fâcheux que l'Italie ne banqueroute pas un brin. Je ne comprends rien à ce système. Du reste, on m'affirme que c'est très clair... On parle d'armistice, de paix.

Nous aurons l'exposition. On jouera peut-être la *Jolie Fille*. Espérons.—
Dites à G. que je suis bien sensible à son affection. C'est très partagé de
mon côté; je serai heureux de le voir. Peut-être sa présence nous aidera à
trouver enfin un coin quelconque. Écrivez-moi de longues lettres.
Travaillez bien sans vous fatiguer et croyez-moi votre ami dévoué.

Mon père vous fait mille compliments bien affectueux.

Août 1866.

Bon! cela marche. Faites encore quelques contre-points de cette espèce,
mais en attaquant les syncopes. Marchez, marchez, et envoyez-moi de la
besogne plus souvent.

J'ai sur...[47] 320 pages d'épreuves à corriger, ma *Fille de Perth* dont je
suis assez content, mais qui me donne un mal de chien. C'est ce qui excuse
la brièveté de cette lettre.

Ah! première des *Pêcheurs*, le 30 septembre 1863[48].

Écrivez-moi plus souvent; vous devez avoir le temps de causer avec moi.
Ma *Fille de Perth* ressemble peu au roman. C'est une pièce à effet, mais
les types sont trop peu accentués. Je réparerai, j'espère, cette faute. Il y a
des vers...

Tenez au hasard:

CATH.[49]

Ainsi donc, plus de jalousie!

SM.[50]

Et vous plus de coquetterie!

CATH.

C'est convenu!

SM.

C'est entendu!
Ah! désormais le bonheur m'est rendu!

ou bien:

Quelle est encor cette aventure?
Nous n'en sortirons pas, vraiment!
Je n'y comprends rien! mais je jure
Que l'ami Smith est innocent!

L'ami Smith est délicieux.

Enfin, il faut travailler là-dessus. Je ne me sers pas des paroles pour composer; je ne trouverais pas une note!

Gounod, officier de la Légion d'honneur. À bientôt, je vous embrasse de tout mon cœur.

À G., mille amitiés.

Votre ami.

Septembre 1866.

Cher ami,

J'ai été bien long à vous répondre. Mon temps est dévoré par le travail. Mes 320 pages d'épreuves sont corrigées et remplacées par d'autres; il n'y a pas de fin! J'ai terminé le premier acte de la *Jolie Fille*. À propos du roman de Walter Scott, il faut que je vous avoue mon hérésie. Je le trouve détestable. Entendons-nous: c'est un détestable roman, mais c'est un livre excellent. M. Ponrail du Tesson, chevalier de la L. d'h., arrivera peut-être à faire un bon roman, mais il ne fera jamais que des livres méprisables. Vous me comprenez: je veux seulement excuser Saint-Georges de n'avoir pas suivi l'intrigue du romancier anglais. Comme vous prenez part à ce qui m'intéresse, que vous êtes réellement mon ami, je ne crains pas de vous ennuyer en vous contant brièvement mon scénario:

PERSONNAGES

SMITH	armurier, ténor.
LE DUC DE ROTHSAY	baryton.
GLOVER	gantier.
CATHERINE	sa fille.

RALPH   montagnard, apprenti chez Glover.

MAB

reine de Bohême, dit Saint-Georges; moi, je dis: reine des Bohémiens.

ACTE PREMIER

L'atelier de Smith. Ameublement ad hoc.

SCÈNE PREMIÈRE

LES FORGERONS *au travail.*

CHŒUR

Travaillons et forgeons, etc.

Survient Smith.

SM: Amis, ce soir carnaval. Amusez-vous; votre tâche est finie, etc.

Exeunt les forgerons.

SCÈNE II

SMITH *seul.*

Me voilà seul avec mon amour à Catherine. Pourquoi ne veux-tu pas m'aimer? Pourquoi n'obéis-tu pas à ton père qui me veut pour gendre? etc.

Récit et romance.

Bruit au dehors. SM: Qu'entends-je?... des cris. Je crois qu'on insulte une femme. Courons.

Il prend une hache et se dispose à sortir lorsque Mab se précipite.

SCÈNE III

MAB: Secourez-moi. Je meurs d'effroi; de jeunes seigneurs ont voulu m'embrasser à votre porte. SM.: Ne craignez rien. Vous êtes chez moi. MAB: Merci. Mais à mon tour laissez-moi vous rendre service. Donnez-moi votre main, et je vous dirai votre destin futur. SM: Ma pauvre enfant, tu perds ton temps, je ne crois pas aux sorciers. MAB, *prenant la main de Sm*: Vous êtes amoureux d'une coquette qui vous fait mourir de jalousie, mais je vous affirme qu'elle vous aime. Ne craignez rien de Ralph; il l'aime, mais elle n'aime que vous, et tenez, pour vous faire respecter mon art magique, dans un instant Simon Glover viendra avec sa fille et son apprenti vous demander à souper. SM.: Est-il possible?—Ensemble, etc.

(*On frappe au dehors.*) Mab: Ce sont eux. Sm:: Mais, j'y pense, Catherine est jalouse. Cache-toi, là, dans cette chambre. (*Mab se cache.*)

SCÈNE IV
SMITH, GLOVER, CATH., RALPH.

Les arrivants: C'est aujourd'hui carnaval et nous venons nous réunir chez un ami. Sm: Soyez les bienvenus. Belle Catherine, merci. Ralph, *sombre*: Que se disent-ils tous les deux? Glover: Nous souperons chez toi, mais j'ai peu de confiance en ta cuisine. Par ce mauvais temps, il faut bien boire et bien manger. Je t'ai donc apporté des vins. Cath: Fi donc! Peut-on penser à de semblables détails? Le carnaval nous garde d'autres plaisirs. Ici *Air de bravoure*: De grâce, etc., sur *les plaisirs du carnaval*. Glover, *après l'air*: Tout cela est fort joli, mais j'aime mieux un bon souper. Ralph, viens avec moi; je veux surveiller les apprêts du repas. Ralph, *maussade*: Je suis votre apprenti, mais je ne suis pas cuisinier, du reste, j'aperçois près de la porte l'inconnu qui suivait tout à l'heure Catherine. Sm, *avec colère*: Mon bras est le plus fort du canton et je n'ai pas besoin de vous pour le défendre. Ralph: Mais... Cath: Assez!... Glover: Viens ou je te chasse. Ralph: Les laisser seuls! Hélas! mais je me vengerai.

Ils sortent.

SCÈNE V
CATH. SM.

Sm: C'est bientôt la Saint-Valentin. Laissez-moi vous offrir cette fleur. (*Une rose d'or émaillé.*) Cath: Mais c'est tricher que d'accepter d'avance un présent. Sm: Consentez à notre mariage. Cath: Nous verrons! Sm: Je vous aime... Ici, un duo d'amour...*sans cabalette.*

SCÈNE VI

Un étranger *couvert d'un manteau*: C'est ici que la belle est entrée... La voici. Sm: Que voulez-vous?... Faire redresser mon poignard que j'ai faussé dans le bras d'un manant. Sm. *se met à l'ouvrage furieux. L'étranger, qui n'est autre que le duc, fait la cour à Catherine. Sm. interrompt la conversation en frappant violemment sur son enclume. Catherine, qui n'était pas fâchée de donner une leçon de patience à Smith, finit par trouver le duc un peu entreprenant. Smith, qui n'entend plus et qui bout de jalousie, redescend la scène, et, voyant le duc qui veut*

*embrasser la main de Catherine, il lève sur lui son marteau, mais la
Bohémienne a suivi cette scène de la chambre où elle était cachée, elle
s'élance au-devant de Smith en poussant un cri. Catherine et le duc, qui
n'ont pas vu le mouvement de Smith, se retournent en entendant ce cri!
Coup de théâtre. Quatuor.* (L'effet de l'acte, je crois.) *Catherine, furieuse,
ne veut pas entendre les explications de Smith. Glover revient en chantant
et suivi de Ralph qui porte une table servie. Il ne comprend rien à la
colère de sa fille. Il se met à table. Mab agace le duc dont elle est éprise.
Smith se désole. Catherine boude. Le duc sort en riant.* Le rideau baisse.

Voilà mon premier acte, très mal raconté. Je suis content de la musique.
Je crois avoir bien établi mes types. Le *Ralph* est bien venu. Il deviendra
très important au deuxième acte. Je suis très satisfait du deuxième acte
auquel je travaille et que je vous raconterai dans ma prochaine lettre.

Je ne vais plus à Paris[51]. Je suis tout au travail. Et vous, que faites-vous?
Vous ne contre-pointez pas assez, et je me plains de ne pas avoir de vos
nouvelles.

Vos maximes sont charmantes. Dès mon retour à Paris, je veux lire le
livre de Taine dont on m'a dit beaucoup de bien. Taine est... évidemment
l'esprit le plus fort, parce qu'il est le plus sain, de notre époque.

À bientôt. Je vous prie, mille amitiés à G., et à vous ma meilleure, ma
plus vive affection.

Septembre 1866.

Bravo! c'est très bon. Continuez. Dans votre contre-point en syncopes,
préoccupez-vous, avant toute chose, de la qualité de vos syncopes. Des
dissonances tant que vous pourrez. Ne brisez les syncopes qu'en cas de
nécessité absolue. Cependant, entre un contre-point en syncopes faibles
sans brisure et un contre-point en syncopes dissonantes mais brisées une
ou deux fois, il ne faut pas hésiter. Des dissonances avant tout.

Cher ami, si vous veniez comme moi d'orchestrer une ignoble valse pour
X..., vous béniriez les travaux de la campagne! Croyez bien que c'est
enrageant d'interrompre pendant deux jours mon travail chéri pour écrire
des solos de piston. Il faut vivre!... Je me suis vengé. J'ai fait cet orchestre

plus canaille que nature. Le piston y pousse des hurlements de bastringue borgne, l'ophicléide et la grosse caisse marquent agréablement le 1er temps avec le trombone basse et les violoncelles et contre-basses, tandis que le 2e et le 3e temps sont assommés par les cors, les altos, les 2es violons, les deux 1ers trombones et le tambour! oui, le tambour!... Si vous voyiez la partie d'alto! Tenez, c'est ainsi tout le temps:

Illustration: musique

Dix pages ainsi. Il y a des malheureux qui passent leur existence à exécuter ces machines-là!... Horrible!... Ils peuvent penser à autre chose, si toutefois ils peuvent encore penser! Ils en sont quittes pour faire

Illustration: musique

lorsqu'il y a

Illustration: musique

et *vice versa*. Mais qu'importe!...

Votre pauvre G. me désole. Je comprends toute la tristesse de sa situation et voudrais pour beaucoup pouvoir lui être bon à quelque chose. Quel temps de bêtise et d'égoïsme!

Je travaille énormément. Je viens de faire au galop six mélodies pour Heugel. Je crois que vous n'en serez pas mécontent. J'ai bien choisi mes paroles: les *Adieux à Suzon* d'*A. de Musset*; *À une fleur*, du *même*, le *Grillon* de *Lamartine* (un peu Saint-Georges), un adorable *Sonnet* de *Ronsard*, une petite mièvrerie gracieuse de *Millevoye*, et une folle guitare de *Hugo*.

Je n'ai pas supprimé une strophe, j'ai tout mis. Ce n'est pas aux musiciens à mutiler les poètes.

Mon opéra, ma symphonie, tout est en train. Quand finirai-je? Dieu! que c'est long, mais comme c'est amusant! Je me mets à adorer le travail! Je ne vais plus qu'une fois par semaine à Paris[52], j'y fais mes affaires strictement, et je reviens au galop.

Je ne me reconnais plus! Je deviens sage! Je suis si bien chez moi, à l'abri des raseurs, des flâneurs, des diseurs de rien, du monde enfin, hélas! Je ne lis plus les journaux. Bismarck m'ennuie. L'exposition approche. Venez un peu. Nous nous promènerons ensemble, et nous ferons d'amusantes observations. Il y aura de quoi philosopher. Si G... est de la partie, j'en serai ravi! J'ai idée qu'avec lui et Guiraud, nous formerions un assez joli quatuor!... Rêves, projets! C'est mieux que réalité. Allons, ne vous désolez pas; prenez courage. Votre contre-point va à merveille. Dès que vous pourrez composer, faites-le.

À bientôt, et toujours votre ami de tout le meilleur de mon cœur.

Octobre 1866.

Vous êtes deux amours. J'ai été profondément touché de cette marque de confiance et d'affection. J'ai lu et relu votre journal. Il est charmant, d'un décousu... adorable, en ce qu'il peint à merveille l'état de vos âmes durant cette promenade si jeune, si fantaisiste, si pleine de caprice, d'imprévu, de douce... j'ai presque envie de dire de triste gaieté... Vous m'avez rajeuni. Ne riez pas. Vous m'avez rappelé mes courses à travers l'Apennin. Vous avez, cependant, sur moi, une grande supériorité... Vous le savez bien, brigands que vous êtes... et si votre bon cœur n'adoucissait votre rigidité, vous m'écraseriez de toute votre philosophie qui n'a jamais failli... et qui ne faillira jamais... je le désire... je le souhaite, mes amis, de tout mon cœur... Edmond me raille... Dieu me pardonne... sur ma sagesse... tardive... et non définitive... peut-être!... Certes, vous êtes heureux... et si je pouvais recommencer... Eh bien, non... je mens... Il ne faut jamais être ingrat... même envers le mal... et puis, n'en déplaise à mon grave Edmond, *le complément de la nature* des sexes comporte avec lui *le contact de deux épidermes*... Sors de là, mon brave homme... Chamfort était un brutal... Soit! mais sa proposition matérialiste n'est pas même un paradoxe... Je ne défends pas Chamfort... je ne l'aime pas... Je suis artiste!—N'exagérons rien, mes amis... soyons flexibles... La vérité est belle... elle est même la source de toutes les beautés absolues... politiques, artistiques, philosophiques, plastiques... mais, croyez-moi, il est de par le monde de bien charmantes erreurs!... Galabert s'indigne!... mais je soupçonne G. d'être plus indulgent... J'ai bien compris tout ce que vous me dites touchant la religion. Je suis de votre avis, mais voyons, ne soyons pas injustes. Nous sommes d'accord sur un principe que l'on peut, je crois, formuler ainsi: La religion est pour le fort un moyen d'exploitation contre le faible; la religion est le manteau de l'ambition, de l'injustice, du vice. Ce progrès dont vous parlez, ce progrès marche, lentement mais sûrement; il détruit peu à peu toutes les superstitions. La vérité se dégage, la science se vulgarise, la religion est ébranlée; elle tombera bientôt, dans quelques siècles, c'est-à-dire demain. Ce sera bon alors, mais n'oublions pas que cette religion, dont vous pouvez vous passer, vous, moi et quelques autres, a été l'admirable instrument du progrès; c'est elle, surtout la catholique, qui nous a enseigné les préceptes qui nous permettent de nous passer d'elle aujourd'hui. Enfants ingrats, nous meurtrissons le sein qui nous a nourris, parce que la nourriture qu'il nous donne aujourd'hui n'est plus digne de nous; nous méprisons cette fausse clarté qui a pourtant accoutumé peu à peu nos yeux à regarder la lumière. Sans elle, nous étions aveugles dès le berceau, à jamais!... Croyez-vous qu'un admirable imposteur comme Moïse n'ait pas fait faire un formidable pas à la philosophie, par conséquent à l'humanité? Voyez cette sublime absurdité qui s'appelle la Bible! N'est-il pas facile de dégager de ce splendide fatras la plupart des vérités que nous connaissons aujourd'hui? Il fallait les habiller, à cette époque, des costumes du temps, il fallait leur faire endosser la livrée de l'erreur, du mensonge, de l'imposture. Le dogme, la religion ont eu sur l'homme une influence heureuse, décisive. Que si vous m'objectez les persécutions, les crimes, les infamies qui ont été commises en son nom, je vous répondrai que l'humanité s'est brûlé les doigts au flambeau. Des millions d'hommes égorgés par d'autres hommes, une goutte d'eau dans la mer, rien!... L'homme n'est pas encore assez fort pour s'amputer de la croyance, sans doute. C'est triste, mais qu'y faire? La religion, c'est un gendarme. Nous nous en passerons des gendarmes et des juges aussi, plus tard. Nous avons déjà fait un grand pas, puisque ce gendarme nous suffit presque. Demandez à la société ce qu'elle préfère, ou de se passer d'évêques, ou de gendarmes. Mettez-la en demeure de se prononcer, faites voter, et vous verrez quelle majorité en faveur du gendarme! Le tricorne est assez puissant aujourd'hui pour contenir les mauvaises passions. Le tricorne n'aurait fait aucun effet sur les Hébreux qui ne savaient nullement ce que c'est que la philosophie. Il fallait des autels, des Sinaï avec feux de bengale, etc. Il fallait parler aux yeux; plus tard, il a suffi de parler à l'imagination. Tout à l'heure, nous n'aurons plus affaire qu'à la raison... Je crois que tout l'avenir appartient aux perfectionnements de notre contrat social (auquel on mêle toujours si bêtement la politique). La société perfectionnée, plus d'injustices, donc plus de mécontents, donc plus d'attentat contre le pacte social, plus de prêtres, plus de gendarmes, plus de crimes, plus d'adultères, plus de prostitution, plus d'émotions vives, plus de passions, attendez... plus de musique, plus de poésie, plus de légion d'honneur, plus de presse (ah! bravo, par exemple), plus de théâtre surtout, plus d'erreur, donc plus d'art! Au diable! aussi, c'est votre faute. Mais malheureux que vous êtes, votre progrès inévitable, implacable, tue l'art! Mon pauvre art!... Galabert est furieux, il n'en croit rien, j'en suis sûr! Les sociétés les plus infectées de susperstitions ont été les grandes promotrices de l'art: l'Égypte, son architecture; la Grèce, sa plastique; la Renaissance, Raphaël, Phidias, Mozart, Beethoven, Véronèse, Weber, des fous! Le fantastique, l'enfer, le paradis, les Djinns, les fantômes, les revenants, les Péris, voilà le domaine de l'art! Ah! prouvez-moi que nous aurons l'art de la raison, de la vérité, de l'exactitude, et je passe dans votre camp avec armes et bagages. Mais j'ai beau chercher... je ne vois rien... que Roland à Roncevaux! Pas assez! et encore, il y a un évêque, l'olifant, etc. Comme musicien, je vous déclare que si vous supprimez l'adultère, le fanatisme, le crime, l'erreur, le surnaturel, il n'y a plus moyen d'écrire une note. Parbleu, l'art a bien sa philosophie! mais il faut un peu écorcher le sens des mots pour le définir... *Science de la sagesse...* C'est bien cela, excepté que c'est tout le contraire! Tenez, je suis un piètre philosophe (vous le voyez bien) eh bien, je vous assure que je ferais de meilleure musique si je croyais à tout ce qui n'est pas vrai! Bref, résumons-nous: l'art dégringole à mesure que la raison avance. Vous ne croyez pas... *c'est vrai*, pourtant! Faites-moi donc, un Homère, un Dante, aujourd'hui. Avec quoi? L'imagination vit de chimères, de visions. Vous me supprimez les chimères, bonsoir l'imagination! Plus d'art! La science partout! Que si vous me dites *où est le mal*? je vous lâche et je ne discute plus, *parce que vous avez raison*! Mais c'est égal, c'est dommage, bien dommage... Les lettres se sauveront par la philosophie. On aura des Voltaire. C'est consolant, mais nous aurons des Jean-Jacques quand même, car vous ne changerez pas la matière dont l'homme est pétri, et j'ai horreur de ce salmigondis de vice, de sentimentalité, de philosophie et de génie qui produit un Rousseau. Veau à trois têtes... homme à trente-six faces... Pouah! n'en parlons plus!... Un hystérique, cynique, hypocrite, républicain et sensible par-dessus le marché! George Sand l'imite; terrible châtiment! (Entre nous, Robespierre m'est bien plus sympathique, quoique presque sans talent)... Ouf!... Je ne me relirai pas, car si je me relisais, je ne vous enverrais pas ce galimatias, et j'y perdrais la colère d'Edmond! Avec tout cela, vous avez regardé la petite bonne. Chère petite bonne! elle est bien gentille dans votre lettre. Je la vois d'ici, accorte, proprette, le nez retroussé, les joues roses, les mains un peu calleuses, n'est-ce pas? c'est ennuyeux, mais baste! à la montagne! Oui, je la vois. Je vous avoue même (tout bas) que je laisse Edmond se retourner pour ne pas voir la petite s'habiller, simplement pour éviter un mouvement giratoire qui contrarie ma paresse. Allons, bon, je suis puni de ma curiosité. Elle a les bas sales, la chère petite, même avant de les mettre... Un peu de réalisme, maintenant. Je ne peux pas accrocher votre juste milieu!... Cela me fait du bien de vous écrire, tout comme si je vous relisais. Vous m'avez arraché à une diable de chanson à boire[53], qui ne venait pas. Elle est trouvée, maintenant; je vous la dois... Votre lettre m'arrive de Marseille. Affaire d'inondations. Guerre, choléra, inondations, c'est du propre! Je ne quitte pas mon Vésinet et ne puis vous envoyer un peu d'esprit de Paris. Cela vous est égal et vous avez bien raison.

Pardonnez-moi cependant de vous envoyer un mot du parterre du Vaudeville à la première représentation du..., de M... Au moment où Saint-Germain proférait ce vers:

Mais je vois en ces lieux le vaincu qui s'avance.

le parterre a chanté:

C'est l'vaincu qui s'avance
cu qui s'avance
cu qui s'avance

sur l'air du

Roi barbu qui s'avance
bu qui s'avance.

de la *Belle Hélène*.

C'est le meilleur effet de la pièce... Si vos provinciaux avaient assisté à cette première, ils auraient trouvé nos Parisiens légèrement shocking.

Encore un joli vers du même:

> Ciel étoilé, soleil, espace, *éther*, *nuées*!

Dieu vous bénisse! a répondu le public.

Vrai, c'était drôle!

Le marquis de Boissy est mort! plus de gaieté au Sénat! Le comte Bacciochi est mort, la surintendance est supprimée... Camille Doucet[54] prend la direction générale des théâtres. Rien de fâcheux pour moi, au contraire! Je travaille toujours à force. Les épreuves se multiplient, je ne sais d'où elles sortent; c'est de la génération spontanée, le diable m'emporte!... Dans six semaines *Don Carlos* de Verdi; dans deux mois *Roméo et Juliette* de Gounod... Mon cher Edmond, faites-moi du contrepoint en syncopes comme s'il en pleuvait. Contribuez à la propagation des espèces, et puis composez.

Choisissez des sujets bien idéals; les plus insensés sont les meilleurs. Merci encore de votre trop court journal; c'est un avant-goût du quatuor[55]...

Pourquoi G. ne s'essaie-t-il pas à faire du théâtre? C'est une carrière de hasard, c'est vrai; mais pourquoi ne pas mettre ce hasard-là de son côté? Adieu, au revoir; à vous, mon cher Edmond, que j'aime de tout le meilleur de mon cœur, et à vous, G., que je connais déjà si bien sans avoir vu vos traits. Si vous avez une photographie de vous, envoyez-la-moi, sinon, j'attends votre arrivée... Une idée: je glisse dans cette lettre une reproduction des traits fort irréguliers d'un très mauvais sujet fort enclin aux plaisirs défendus par la vraie, par la saine philosophie qui est la vôtre, je le reconnais, mais toujours empoigné par ce qui est jeune, sincère, honnête, pur, candide, bon et intelligent comme vous deux, et, sans esprit, le meilleur des moins parfaits des hommes.

Octobre 1866.

Allons, cher ami, un peu de courage, et quelques syncopes encore.

1° Servez-vous des prolongations qui, en vous fournissant deux accords par mesure, vous offrent plus de dissonances.

2° Employez plus de notes de passage. C'est le vrai moyen d'éviter les sauts, les unissons, les croisements, etc.

3° Pas de septièmes se sauvant par la basse.

4° Pas d'octaves ni de quintes sauvées par la syncope qui ne sauve rien.

5° Ayez toujours des résolutions pures, sans frottements, et surtout sans quintes ni octaves cachées même entre les parties intermédiaires. Votre prochain envoi devra se composer de syncopes et de fleuri. Pour le fleuri, faites la part de l'inspiration ou, si le mot vous semble trop prétentieux, de *l'oreille*. Cher ami, ce que Laboulaye dit à G., je vous le dirai sans cesse, au risque de ressembler à Brid'oison ou au tuteur qui m'amuse fort: sans forme, pas de style; sans style, pas d'art!... Méditez ce précepte de Buffon, qui se connaissait en style: «*Les ouvrages bien écrits seront les seuls qui passeront à la postérité... Quelle que soit l'élévation des pensées, si elles ne sont pas suffisamment et purement exprimées, l'ouvrage périra... Les faits sont hors de l'homme, le style est l'homme même.*» Il faut vous remettre à la composition, cher ami; vous voilà contrapuntiste. Encore une séance, et nous passerons à la fugue. Courage! Courage!

Ce brave évêque Dupanloup en est au *spiritualisme* de 1820!... La *Révélation* et l'autorité de l'Église... Tout est là... Ne nous occupons pas de ces fadaises. C'est le passé qui meurt en exhalant un dernier cri de rage!... Les dieux s'en vont!—*Requiescant in pace.*

À propos, est-il possible que j'aie écrit la phrase que vous me reprochez dans votre dernière lettre?... Malgré mon peu d'habitude du jargon philosophique, je n'ai pas dit ou je n'ai pas voulu dire que la *science* est l'ennemie de l'art. J'ai dit le progrès... ce qui, pour moi, est tout différent[56]! J'ai parlé du progrès politique, social, auquel nos philosophes nous conduisent tout droit—c'est fort heureux—mais c'est américain et pas artistique du tout.

J'en aurais à dire là-dessus plus que je ne saurais en écrire. Du reste, les discussions, malgré leur vif intérêt, sont difficiles par correspondance. On écrit vite, on se trompe de mot, et l'on devient incompréhensible. C'est ce qui m'est arrivé si j'ai mis *science* pour *progrès*. Je croyais dire une vérité, et j'ai dit une absurdité. J'ai composé et...[57] deux actes. Encore deux et neuf cents pages d'orchestre. Je suis content... Cela vient assez bien. Je travaille beaucoup...[58], et ne trouve pas le temps d'orchestrer ma symphonie. À bientôt. Mille choses à G., pour vous ma meilleure affection, aujourd'hui et toujours.

Novembre 1866.

Mon cher ami,

Vos études de contre-point sont terminées! La fugue va affermir votre style, le dégager, l'éclaircir. Courage, le plus dur est fait! Je suis très content de votre contre-point fleuri. Il est beaucoup plus net que je ne l'espérais. Donc, à la fugue. Avant d'attaquer cette grosse affaire, je voudrais cependant vous voir composer une certaine quantité de canons. Vous me ferez aussi des sujets et des contre-sujets! Vous rappelez-vous nos conversations de cet été? Du reste, vous trouverez dans vos traités toutes les explications nécessaires, et puis, vous voilà assez solide pour trouver vous-mêmes beaucoup de choses. Procédez ainsi:

À deux parties:

Canons à l'8^{ve}

Illustration: musique

à la 4te et à la 5te

Illustration: musique

Le reste ne vaut pas la peine d'être étudié!

Donc, à l'œuvre et bon courage. Envoyez-moi plus souvent de la besogne. Lorsque vous aurez cinq ou six canons, montrez-les-moi. Il ne faut pas travailler dans le doute et dans les ténèbres.

Je suis harassé de fatigue, j'avance, mais il est temps, je n'en puis plus. J'ai été obligé de renoncer à l'orchestre de ma symphonie. Dès ma *Fille de Perth* terminée, je m'y mettrai, mais trop tard sans doute pour cet hiver. G.

est bien la nature sympathique que je pressentais. Je ne l'ai pas vu depuis quelques jours. Pauvre garçon! trouvera-t-il? Je rage, en vérité, de n'être pas plus à même de lui être utile. Enfin, espérons. Ne vous ennuyez pas, mon cher Edmond, et surtout, ne vous exaltez pas. Puisque votre bonne étoile vous met à même de trouver en *vous* les éléments de *vie* intellectuelle, profitez-en! Ne comptez sur rien! Plus je vais, plus je méprise notre pauvre espèce humaine. Excepté vous, Guiraud, G., et quelques rares amis malheureusement mariés!!!! je ne vois personne. Et nous sommes tout jeunes!... Ah! si. J'oubliais un homme excellent, vraiment bon, vraiment dévoué, vraiment sincèrement affectueux. Nous en parlerons, et aussi d'un homme que j'ai aimé de tout mon cœur et que je déteste aujourd'hui!

Je vais me coucher, mon cher ami, je n'ai pas dormi depuis trois nuits, et je tourne trop au noir! J'ai de la musique gaie à faire demain!

Si je puis l'année prochaine aller vous voir, vous et vos poétiques amis ruminants, j'accomplirai un de mes désirs les plus chers, croyez-le. Si j'aime les bœufs... mais je suis à moitié Romain..., oui..., et les buffles aussi... Ces gaillards-là ont un regard à eux!... Plus de tendresse que de force, s'il est possible!... Au revoir, travaillez, à bientôt, et toujours votre ami de toute amitié tendre et dévouée.

Décembre 1866.

Bien. Vous possédez maintenant le mécanisme des imitations. Faites en sorte que votre style soit plus mélodique, vos modulations plus accentuées, plus nettes. Faites de la musique, en un mot. C'est difficile, mais c'est possible, et cela va devenir obligatoire dans la fugue.

Votre prochain envoi devra se composer de préparations de fugues. Je m'explique: Sujet.—Réponse.—Puis le ou les contre-sujets sur le sujet et aussi sur la réponse, et enfin les strettes du sujet, de la réponse et de chacun des contre-sujets.

Vous me pardonnez, n'est-ce pas? le retard que j'ai apporté à la correction de cet envoi. Si vous saviez mon existence depuis un mois! Je travaille quinze et seize heures par jour, plus quelquefois, car j'ai des leçons, des épreuves à corriger; il faut vivre. Maintenant, je suis tranquille. J'ai quatre ou cinq nuits à passer, mais j'aurai fini. Le... est très tourmenté par les auteurs de...[59], qui lui prêtent de l'argent[60]. Je veux être payé ou joué; pour cela, il faut rester dans les termes rigoureux du traité. Je suis très content de moi. C'est bon, *j'en suis sûr*, car c'est en avant.

Parlons de ce pauvre G. Je suis désolé. Madame..., qui m'avait promis son appui, ne fait rien. Je vais encore tenter quelque chose. Hébert[61] est, dit-on, de retour à Paris. Je vais lui demander s'il peut, s'il veut attaquer la princesse..., mais n'en dites rien; c'est inutile. Tout cela a si peu de chances de réussite...

J'ai dîné chez elle il y a huit jours. J'avais presque envie d'aborder la question, mais, je sens que j'aurai une promesse, et puis rien. Le manque de spécialité est un obstacle grave. Ce pauvre garçon me fait réellement peine, car sa situation est déplorable... Hélas! Si j'étais ministre!

Mignon est un succès d'argent. Jusqu'à présent, je n'ai pas trouvé le temps d'aller l'entendre.—On répète *Roméo*. *Freischütz* fait de l'argent. Il n'y a d'autre cascade dans le théâtre que la direction. À bientôt.

Je vous aime de tout mon cœur.

Décembre 1866.

À la hâte, cher ami. J'écris à G. de venir dîner avec moi. Je vais le tâter et voir ce qui en est. Les lettres de son tuteur sont *déplorables*. J'ai lu la dernière: «Il faut songer à me soulager de ce que je fais pour toi!... Un tel dîne à 85 c.»... et autres indélicatesses du même genre. C'est effacer d'un trait tout ce qu'il a pu faire pour notre ami. (Entre nous). Vrai, on n'écrit pas des lettres pareilles à un pauvre garçon qui ne sait où donner de la tête. À bientôt.

Votre ami.

Que disiez-vous donc? G. n'est pas philosophe, mais pas le moins du monde. Je ne connais pas un homme qui le soit moins que lui.

Janvier 1867.

Cher ami,

Un coup de collier sur les réponses et les contre-sujets, et vite à la fugue.

J'ai fini mon opéra. Je l'ai remis à Carvalho le 29 décembre.

Maintenant nous allons voir.

On veut me retarder, je le sens, mais je n'accepte aucun délai. En répétitions ou procès.

Ma prochaine lettre vous donnera des détails à ce sujet. Je suis très content de mon ouvrage. Il y a quelques jours que je n'ai pas vu G... et je n'ai rien... hélas! toujours rien!... Ce pauvre garçon ne peut travailler dans la situation où il se trouve. Croyez-moi; rien ne tient (?) contre les inquiétudes matérielles de la vie. On peut tout supporter, chagrins, découragements, etc.

Mais cette inquiétude de tous les instants qui abrutit, qui diminue l'homme!...

Je n'ai jamais connu la misère, mais je sais ce que c'est que la *gêne*, et je sais combien cela frappe sur l'intelligence.

Travaillez bien. Écrivez-moi bientôt, et croyez-moi toujours votre ami dévoué de tout le meilleur de mon cœur.

Janvier 1867.

Bien; maintenant, à la fugue. Envoyez-moi une fugue sur ce sujet:

[62] Illustration: musique

Illustration: musique

Illustration: musique

Avez-vous le plan de la fugue? Par prudence, le voici[63]:

Exposition:

| | | | |

—	rép	c. s.	r.	divertissement tiré du sujet
sujet	C. suj.	suj.	c. s.	

Contre-exposition. Mode min.

rép.	c. s.	divertis.	suj.	c. s.
		tiré du suj.		div.
c. s.	suj.	ou du c. s.	c. s.	r.

Sous-dominante. Relatif de la sous-dom.

c. s.	une	suj.	div. pour arriver
suj.	liaison	c. s.	

à un | repos à la dominante. *Strettes.* Pédale. Coda. || —

Faites en sorte que les divertissements aillent toujours en se serrant, ce que vous obtiendrez en prenant pour les premiers les fragments les plus larges, et en faisant des imitations de plus en plus rapprochées: une mesure et demie, puis une mesure, puis une demi-mesure. Même observation pour les strettes: il faut commencer par la strette du sujet, puis une strette du contre-sujet, puis autre strette du sujet en commençant par la réponse, mais de plus en plus serrées.

Voilà. Soyez clair, mélodique; en avant et courage. J'ai vu G. il y a deux jours. Je l'ai adressé à un de mes amis, commerçant, qui m'a promis de chercher avec lui. Quant à son travail, il lui faut vraiment du courage pour l'entreprendre dans une pareille situation d'esprit. Pour aborder la carrière littéraire avec succès, il lui faudrait, ce me semble, deux ou trois ans de travail tranquille. Enfin, espérons. *X.* a été une chute ridicule, honteuse. Il en sera de même de toutes les pièces de compositeurs payants[64]!

***nous a demandé *à genoux* de lui accorder un peu de temps. Il est pressé par... auquel il doit de l'argent[65]. Mademoiselle Nilsson est réengagée à cinq mille francs par mois pour nous. Nous allons répéter en mars jusqu'à la fin de mai. Nilsson ira deux mois à Londres et elle rentrera le 15 août dans la *Jolie Fille de Perth*. Ceci est l'objet d'un nouveau traité avec vingt-deux mille francs de dédit. Il marchera ou nous l'exécuterons. Il est triste d'en arriver là, mais nous sommes bons jusqu'au bout. Cette fois, il exécutera ses engagements ou nous le *tuons*. Le ministère, tout le monde est pour nous, et cette dernière concession nous attire toutes les sympathies. *X.* tombera; *Y.* tombera; *Z.* de... tomberont. Voilà ma vengeance. Laissons faire les usuriers[66], les gens sans cœur et sans talent. L'avenir, notre valeur et notre conscience nous dédommageront. Ingres est parti. Encore un vaillant de moins... Je viens de revoir ma partition. *C'est bien!* Si vous venez au mois d'août, vous assisterez à la première représentation qui aura lieu avant la fin du mois. Allons, travaillez, continuez à vous plonger dans *Shakespeare.* C'est bon. Voilà un philosophe, un moraliste, un poète.

À bientôt et toujours votre ami mille fois de tout cœur.

Fin janvier, ou février 1867[67].

Ces strettes sont trop courtes. Cela tient à ce que vous avez fait votre première strette trop serrée. Il fallait:

Illustration: musique

Vos imitations sont trop courtes. C'est un *fughetto*, mais c'est bien.— Excusez-moi du retard que j'ai mis à vous répondre, mais j'ai corrigé trois mille six cents pages d'épreuves pour l'orchestre de *Mignon!* Je suis maintenant tout à vous. Je reçois une lettre de G. qui vient d'être malade.

Envoyez-moi de suite des réponses et des C.S[68].

Voici des sujets:

Illustration: musique

Illustration: musique

Je vous renverrai poste par poste en vous indiquant la fugue à faire. À bientôt donc.

Votre ami.

Février 1867.

Enfin!... Je puis vous écrire!... En vérité, je mène une existence insensée.

Jugez-en: presque tous les jours, je vais chez Carvalho, puis chez Saint-Georges, du Châtelet à la rue...[69]; tous les jours, je dîne en ville; je n'ai pas encore le moyen de me passer de certaines relations; tous les jours, j'ai des leçons; j'ai à diriger la publication de *Mignon*, réduire la partition piano solo, une partition de six cents pages, deux épreuves; douze cents, les parties séparées, huit cents, la partition piano et chant etc., etc. Il faut enrayer; je suis malade. Après des pourparlers sans fin, ***, effrayé par le four de... et par celui de... qui est imminent, tancé par le ministère qui voit avec indignation un théâtre subventionné jouer des opéras payés[70], se décide à courir au plus sûr, et je vais entrer en répétitions. Il y a encore des difficultés sans nombre, mais la chose est arrêtée en principe, et nous allons marcher. On jouera à...[71] *X*, mais *Y*, et *Z*. sont remis. Ce qu'il a fallu dépenser d'intelligence et de volonté pour arriver à ce résultat... vous ne pouvez vous l'imaginer. Pour être musicien, aujourd'hui, il faut avoir une existence assurée, indépendante, ou un véritable talent diplomatique. Je passerai sans doute en avril, et *peut-être* alors, après *l'édition* de ma partition, pourrai-je réaliser notre projet de promenade. C'est mon désir le plus cher, mais je ne puis rien vous dire encore. Le théâtre est un terrain mouvant, on ne sait jamais le lendemain.

Je n'ai pas vu G. depuis trois semaines. Que devient-il?... J'arrive à votre quatuor.

Je l'ai lu attentivement. Voici mon opinion sincère. Je vous dois la vérité, ou, du moins, ce que je crois être la vérité: au point de vue de la forme, de l'entente des instruments, etc., *rien à dire*, c'est très expérimenté; au point de vue de l'idée, mon cher ami, c'est faible, c'est vieux.

Vous savez votre affaire, mais il ne faut plus écrire que des choses senties, et je doute que vous ayez *senti* votre travail. C'est un devoir, ce n'est pas de la musique. Vous voilà arrivé, vous êtes compositeur; la fugue va vous développer, mais avec la *fugue*, il faut chercher à créer des œuvres d'imagination.

Pardonnez-moi ma sincérité, mais mon rôle d'ami ne me permet aucune tergiversation. Du reste, mon jugement ne doit pas vous décourager. Vous avez voulu faire un travail profitable à vos progrès, et vous avez réussi.

Je vous ai envoyé neuf mélodies[72]. Les avez-vous reçues?

Encore une fois pardon pour mon long retard et mille amitiés tendres de votre

Mars 1867[73].

...Je suis content de votre travail; cependant, je critiquerai vos contre-sujets. Ils manquent de caractère. Il faut de l'intérêt, du rythme, sans quoi la fugue devient monotone, terne. Vous mettez trop de *silences*; n'en abusez pas. Faites-moi une fugue à deux parties sur le sujet suivant:

Illustration: musique

Illustration: musique

Réponse réelle.

Développez bien vos strettes. De plus, faites-moi des réponses et des contre-sujets sur les sujets suivants:

Illustration: musique

Illustration: musique

Quand le sujet est très chargé de notes, le contre-sujet doit être large, et vice-versa. Ne perdez aucune occasion d'introduire des dissonances, les retards enrichissent l'harmonie. Si vous réussissez votre fugue à 2 parties, nous commencerons à trois parties. À votre prochain voyage, il faut que la fugue à 4 parties marche bien.

Ma pièce va marcher. Carvalho est enchanté de la partition; on copie. Je vais à Bordeaux cette semaine pour entendre un ténor. Ma première marchera fin mai; mettons 15 juin et n'en parlons plus.

Je sors de *Don Carlos*. C'est *très mauvais*. Vous savez que je suis éclectique; j'adore la *Traviata* et *Rigoletto*. *Don Carlos* est une espèce de compromis. Pas de mélodie, pas d'accent; cela vise au style, mais cela vise... seulement. L'impression a été désastreuse. C'est un *four* complet, absolu. L'exposition fera peut-être un demi-succès, mais c'est quand même un désastre pour Verdi.

Adieu, faites vite votre fugue. Travaillez, et à vous mille fois de tout cœur.

Fin mars 1867[74].

Grand progrès dans vos contre-sujets et aussi dans la fugue. Faites-moi des divertissements plus soignés, mieux dirigés au point de vue des modulations. Développez vos strettes, et le prochain envoi sera bon.

* *

J'ai enfin un splendide ténor que je viens d'entendre à Bordeaux[75]. Mon ouvrage ne passera pas avant juin. Les... ont fait tout ce qu'il est possible de faire pour retarder et même compromettre mon ouvrage. L'humanité est ignoble, mon pauvre ami. Je me vengerai... et cruellement, je vous en réponds. Si vous pouviez retarder votre voyage jusqu'au 15 juin, je serais sûr de vous avoir à ma première représentation. Vous savez combien j'y tiens. J'ai mis G. en relations avec *Leroy*[76], l'ami qui doit parler à monsieur F. Espérons.—J'ai là des monceaux d'épreuves à corriger. Il faut vous quitter, cher ami, et vous dire à bientôt.

Mille tendres affections de votre ami.

Fin mars ou avril 1867.

Mon cher ami,

N'avez-vous plus de sujets? Je voudrais un envoi de réponses et de contre-sujets. C'est toujours là la pierre de touche. Faites la fugue ci-jointe. N'oubliez pas que toute la fugue doit rester dans le style du sujet et de ses contre-sujets. Renoncez donc au chromatique, aux petits silences, aux phrases coupées, puisque cette fois vos sujets n'en contiennent pas.

J'ai vu G. ce matin. Nous n'avons rien de bien fameux du côté F.!

Quant à votre voyage, ne vous occupez plus de ma pièce. On commence à comprendre ici que l'exposition n'aura peut-être pas une très heureuse influence sur les recettes théâtrales. Pour ma part, j'en suis dès à présent convaincu. *Roméo* est encore retardé! L'ouvrage ne passera qu'à la fin du mois. Je vais changer mes plans... Au lieu de presser, je vais différer le plus possible. Je vais essayer de ne répéter qu'en juin. L'incurie, l'inertie de cette déplorable administration me servira cette fois. Arrivés au mois d'août... X. voudra passer... à cause des décorations.... Je le laisserai passer ainsi que monsieur Y., et ferai tout pour n'arriver qu'en octobre, novembre ou, s'il est possible, en décembre!—Ceci entre nous.—Je veux arriver à l'hiver. La force des choses me servira, à moins que.... ne saute après Roméo, ce qui est possible. Alors tout est remis en question. *Bagier* quitte les Italiens, et *Leuven* cherche à vendre l'Opéra-Comique. Tout cela va faire peau neuve. Tant mieux!

Des amis me parlent de donner mon ouvrage à *Florence* ou à *Milan*! Ceci me sourit! Rien de décidé donc aujourd'hui, si ce n'est qu'à tout prix je veux éviter la canicule. L'exposition est très bien installée. On y mange à bon marché. *Water-closets, restaurants* (j'avais à commencer par ceux-ci), *cabinets de lecture* et de *correspondance, musique, illuminations, cocottes, etc, etc.* On a tout prévu!.....[77] L'Opéra descend à la 15e de *Don Carlos* à des recettes honteuses! L'*Opéra-Comique* baisse, le *Théâtre-Lyrique* ne fait rien!

Voilà, cher ami; on ne peut compter sur rien! Toutes les espérances s'envolent, se dissipent... Attendons!

Venez, nous passerons quelques instants heureux... Nous musiquerons, philosopherons...

Votre ami à toujours dévoué.

Avril 1867.

La fin de votre fugue est un peu écourtée, mais peu importe. Vous voilà prêt à commencer les 3 parties.

Dieu (représenté par Carvalho) dispose quand le compositeur propose. *Roméo* passe dans cinq ou six jours, et je serai obligé de marcher après lui. J'arriverai en juillet. Excellente époque, dit-on... Et Bismarck! Ne changez rien à vos projets de voyage.

G. est enchanté de sa place qui est très belle, du reste.

Allons, à bientôt, et toujours votre ami de toute tendresse.

Juin 1867.

Cher ami,

Allons, courage! Je comprends vos ennuis et vos énervements.

Allons, encore une fois, courage! Débarrassez-vous de la fugue. Une fois *prêt*, vous trouverez sans doute un moyen.............[78]

J'ai envoyé mon hymne et ma cantate[79].

Un vice de forme m'a obligé à refaire mon enveloppe. J'ai changé mon pseudonyme.

Donc, si, par impossible, j'avais le numéro gagnant, vous recevriez une lettre pour M. Gaston de Betsi.

Guiraud me charge de vous annoncer aussi son pseudonyme: M. Tesern. Prévenez la personne en question.

Guiraud et moi, nous avons remis notre travail à onze heures ce matin. Le délai expirait à midi. Le concierge de l'établissement nous a reçus fort cavalièrement. «Ah ça! tout le monde est donc musicien! Sacrebleu! il est temps que ça finisse!» J'ai répliqué d'un ton sec: «Je ne suis pas plus musicien que vous, je vous prie de le croire; mais un pauvre diable que je protège m'a chargé de ce paquet et je vous prie de le remettre fidèlement.» Toute la valetaille s'est alors inclinée en apprenant que nous n'étions pas musiciens. Suis-je assez lâche!

Mon ténor est arrivé. Nous allons lire, nous allons répéter.

Enfin!

La *Somnambule* passe *mercredi*.

À bientôt, cher. Je suis dans les épreuves de l'orchestre de *Roméo* jusqu'au cou.

Votre ami,

Juin 1867.

Mon cher ami,

C'est bien. Allons, courage! Un coup de collier, *dix fugues encore*, et nous serons près de la fin. *Musicalisez* bien vos strettes, soyez clair. Du reste, c'est infiniment supérieur à ce que j'attendais. Encore une fois, courage, finissez! puis, vous réfléchirez quelques mois, et en avant.

J'ai mille choses à vous dire; commençons:

1° *Concours de la cantate*[80]:

On a envoyé 103 cantates:

   4 ridicules.
49 passables.
35 bonnes.
11 très bonnes.
  3 excellentes.
  <u>1 parfaite.</u>
103 —Telle est l'opinion du jury.

1re séance: lecture de <u>52 cantates.</u>
2e séance: lecture de <u>51 cantates et choix</u>
                       103

des 15 remarquables.

3e séance: relecture des 15 et choix des 4 meilleures.

4e séance: relecture des 4 et choix du prix.

J'ai été des 15.

Guiraud est des 4. Les trois autres sont Saint-Saëns, qui a le prix, *Massenet* et *Weckerlin*. On a cru reconnaître ma copie. C'est monsieur X. qui a fait ce beau coup! J'ai gueulé, et maintenant, on ne sait que penser. Plusieurs de ces messieurs m'ont dit: «La cantate qui vous était attribuée est très bonne. Elle ne vaut pas cependant ce que vous faites ordinairement. L'air de l'humanité est une charmante *polka-mazurka*!»... Mon cher ami, qu'en dites-vous? est-elle jolie, celle-là? Les malheureux ont lu cela allegretto grazioso! Saint-Saëns avait écrit sa cantate sur du *papier anglais*, il avait déguisé sa copie, et ces messieurs ont cru donner le prix à un *étranger!!!!!!*—C'est une très belle fugue à deux chœurs qui a décidé du prix de *Saint-Saëns* dont je suis ravi. Du reste, le jury que vous connaissez s'en va clabauder partout que l'œuvre de *Saint-Saëns* est très remarquable, qu'elle atteste des facultés symphoniques extraordinaires tout en prouvant que son auteur ne sera jamais un homme de théâtre!... Ô humanité! La cantate ne sera pas exécutée à la distribution des récompenses, M. Rossini ayant réclamé cette place pour un hymne de sa composition. Il a remis lui-même sa partition à S. M. l'Empereur.

* *[81]

J'ai été embêté une demi-heure. C'est bien fini. L'important était qu'on ne sache pas ma participation à ce concours; c'est fait. La chose retombe sur le dos de X. accusé, très légitimement, du reste, de camaraderie.

2° Concours de l'hymne[82].—823 injections de 1er ordre. Jury absent. 3 membres ont examiné, ont déclaré que c'était toujours le même. Impossible de décerner un prix. Concours annulé! J'espère que *Guiraud* aura, ainsi que ses deux complices en mentions honorables, une médaille de cinq cents ou de mille francs.

3° *Jolie Fille de Perth.*

Je viens de passer quinze jours atroces. Saint-Georges a fait la coquette. Il ne voulait pas de *Devriès*[83] qui est tout uniment splendide. Enfin tout est arrangé de ce matin. On s'est embrassé, on a pleuré!... Nous lisons *lundi*, nous répétons *mardi*, et nous dînons jeudi, *Saint-Georges*, *Adenis*, *Carvalho* et *moi*. *Carvalho* très gentil, véritablement dévoué, *Saint-Georges exigeant* et *très malin*, *Adenis* toujours navré, *moi* vexé et fatigué, *Z.* muselé, *Gounod* regardant les cieux, *Massy*[84] pas musicien mais excellent cependant, *Devriès* superbe, l'exécution très satisfaisante, voilà à peu près la situation. Encore de deux à six mois de répétitions, et..... *au petit bonheur*!

On annonce trois concours:

1° *Opéra*: concours pour trois actes.

2° *Opéra-Comique*: idem.

3° *Théâtre-Lyrique*: idem pour quatre actes.

Je ne sais quelles seront les conditions. Probablement mes deux ouvrages du Lyrique m'interdiront celui de la place du Châtelet. En tout cas, si je concours, hors vous et Guiraud personne ne le saura, et on ne *reconnaîtra pas ma copie.*

Enfin le piano est monté!... Mon Dieu, lorsqu'il est si difficile de changer un meuble de place, on comprend la lenteur du progrès philosophique et social! Ce coup d'État vous promet un travail tranquille et fructueux.

Cher ami, il est deux heures du matin. Je suis éreinté. Je vous embrasse. À bientôt, et toujours votre ami de tout cœur.

J'ai vu G. l'autre jour. Il m'a paru beaucoup plus content.

Juillet 1867.

Mon cher ami,

Je suis tellement accablé de besogne que vous me pardonnerez, j'espère, le laconisme de ce billet.

La fugue est très bien. C'est encore un peu diffus, un peu chipoté, mais vous êtes en excellente voie. Encore deux ou trois fugues et vous serez un vrai contrapuntiste. Je suis moins content de vos contre-sujets. Ce n'est pas *cela.* C'est trop cherché, pas assez clair, pas assez simple. Préoccupez-vous de la bonne note.

Je vous écrirai très prochainement. Tout va bien ici. Écrivez-moi, *à.....*[85] *bientôt.*

Votre ami.

Août 1867.

Mon cher ami,

Je suis tellement fatigué à la fin de mes journées que je n'ai plus ni la force ni le courage d'écrire. Excusez donc tout à la fois mes retards et mon laconisme.

1° Fugue très bien; grands progrès. Encore quelques fugues et vous serez *arrivé.*

Avez-vous des sujets? Faites des contre-sujets à force. Vous trouverez un sujet et deux contre-sujets dont vous me ferez la fugue. Courage; grandissimes progrès.

2ᵉ J'ai vu *Crépet*, le directeur de la *Revue Nationale*, et je lui ai chaudement recommandé G. Dès que notre ami sera à Paris, je le conduirai au bonhomme qui s'intéresse déjà vivement à lui. Si G. veut lui envoyer un article quelconque, il aura, je crois, des chances d'être accepté. Dites-lui qu'il le soigne. On paie à cette revue. J'en sais quelque chose. Mon premier article[86] a été *très bien* accueilli, mais très bien.

Je vais continuer.

3° Les répétitions de ma pièce marchent; nous serons prêts le 1ᵉʳ septembre.

On croit à un succès. Nous verrons bien.

Je travaille comme une brute. Enfin!...

Pour aujourd'hui, je vous quitte. Je vais dormir. J'en ai besoin.

Courage, travaillez, à bientôt.

Votre ami.

Août 1867.

Mon cher ami,

Je suis littéralement crevé!

J'avance: les quatre actes sont en scène; l'orchestre déchiffre demain le troisième acte; les chœurs savent à peu près. Dans dix jours, nous répéterons généralement; dans quinze ou vingt jours nous passons.

Il est temps; je suis épuisé.

Le deuxième acte est très bien orchestré, et je vous regrette infiniment.

Je vous envoie une masse de sujets. Faites des contre-sujets à force!

La fugue va marcher, mais les contre-sujets sont en retard. Ce n'est pas encore cela. Cherchez la *bonne* harmonie... C'est le moyen de trouver l'harmonie élégante, distinguée.

Mon cher ami, j'ai vingt lettres à écrire, *L'Oie du Caire*[87] à réduire pour piano seul, des épreuves à corriger, une grosse affaire qui se prépare, etc., excusez-moi.

J'ai vu Crépet. Malheureusement, je n'ai pas le temps de m'occuper du journal en ce moment, mais dès que j'aurai l'article de G., je le porterai.

À bientôt. Je pense à vous et vous aime de tout mon cœur.

Octobre 1867.

D'abord, cher, vidons l'affaire *Jolie Fille*. J'ai remis mon ouvrage: 1° parce que madame Carvalho fait sept mille francs et mademoiselle Nilsson six mille francs; 2° parce que le public cosmopolite que nous avons l'honneur de posséder à Paris en ce moment court aux noms connus et non aux pièces nouvelles! 3° parce que le succès se dessine de telle façon que Carvalho veut garder pour la fin de novembre une affaire dont il n'a pas besoin en ce moment; 4° parce que le départ de Nilsson me fait une place superbe; 5° parce que le *monde* sera revenu fin novembre; l'ouverture des Chambres, la rentrée, tout me servira alors.—Bref, cher ami, je suis complètement content! Jamais opéra ne s'est mieux annoncé! la répétition générale a produit un grand effet! la pièce est vraiment très intéressante; l'interprétation est excellentissime! les costumes sont riches! les décors sont neufs! le directeur est enchanté! l'orchestre, les artistes pleins d'ardeur! et ce qui vaut mieux que tout cela, cher ami, la partition de la *Jolie Fille* est une BONNE CHOSE! Je vous le dis *parce que vous me connaissez!* L'orchestre donne à tout cela une couleur, un relief que je n'osais espérer, je l'avoue!... Je tiens ma voie. Maintenant, en marche! Il faut monter, monter, monter toujours. Plus de soirées! plus de cascades! plus de maîtresses! tout cela est fini! absolument fini! Je vous parle sérieusement. J'ai rencontré une adorable fille que j'adore! Dans deux ans, elle sera ma femme! D'ici là, rien que du travail, des lectures; penser, c'est vivre! Je vous parle sérieusement; je suis convaincu! je suis sûr de moi! le bon a tué le mauvais! la victoire est gagnée!...

Ah! J'oubliais un détail. Je viens de vendre ma partition à Choudens:

3 000 francs à la 1re représentation;
1 500 à la 30e;
1 500 à la 40e;
1 000 à la 50e;
1 000 à la 60e;
1 000 à la 70e;
1 000 à la 80e;
1 000 à la 90e;
2 000 à la 100e;
3 000 à la 120e;

et *trois* ans pour accomplir mes cent vingt représentations! Quelque prudentes que soient ces combinaisons, jamais Choudens n'en a consenti de pareilles avec qui que ce soit (excepté Gounod, bien entendu).

Donc, *Jolie Fille* nettoyée, passons!

Je suis désolé du départ de Crépet[88]. Moi-même, je suis en délicatesse avec monsieur X. qui a voulu m'empêcher d'éreinter Azevedo à mon gré. Je l'ai envoyé complètement promener! Il m'a encore écrit hier pour me demander de supprimer quelques lignes d'un article que j'avais préparé sur Saint-Saëns. Je réponds: 9679 III!..... Regardez ce nombre à travers la page 4, en plaçant la page 3 sur un carreau ou devant une lumière, et vous comprendrez!...

Et G.? Que faire? Il faut pourtant trouver! Je suis désespéré. Je ne sais plus à quelle porte frapper! Je ne vois que des indifférents, des égoïstes ou des impuissants! Le journalisme devient de plus en plus une boîte à scandales! Tout se rapetisse, et Gandinopolis ne vaut pas mieux au fond que Crétinopolis!... Je pense constamment à notre ami, et je ne vois pas, je ne trouve pas. Cela me désole, me chagrine au dernier point!... Que devient Monsieur Y.? Je pense souvent à ce majestueux bourgeois, et me rappelle avec une douce émotion ses phrases sonores, retentissantes et son coup de poing à mon piano!... Il n'y a que les affaires!... Et dire qu'ils sont des millions comme cela!... Je serais bien aise de savoir ce qu'il pense du *Congrès de la Paix*, de l'arrestation de *Garibaldi*[89] et de l'augmentation du pain!... Quel type!... et quelle tête!... Lécuyer est ici et vous envoie mille amitiés vives et sincères!... Maintenant parlons fugue:

C'est bien! progrès immenses! Courage! Tous les symptômes que vous m'annoncez me prouvent que la période d'inspiration va bientôt commencer pour vous. Allons! encore un coup de collier. Vous reste-t-il des sujets? Sinon, tant mieux. Faites vous-même des sujets de fugue, bien francs, bien nets. Que ce travail soit le sujet de votre prochain envoi! Une douzaine de sujets avec les réponses et les contre-sujets, puis trois fugues, et trois mois de repos... et en route! Allons, courage! À bientôt et croyez à l'amitié inaltérable de...

Écoutez-vous! Il faut faire de la musique, même dans la fugue.

Octobre 1867[90].

Très bien. Faites un de ces sujets. Tout cela est bon. Pardonnez-moi le retard que j'ai apporté à la correction de ces quelques contre-sujets, mais je viens d'être atteint profondément. On a brisé les espérances que j'avais formées..., La *famille* a repris ses droits!... Je suis très malheureux. Excusez-moi de ne pas entrer dans de plus grands détails. Un de ces jours je vous dirai tout cela!...

Comment va G.?

Je vais recommencer à répéter. Dans trois semaines, un mois, *La Jolie Fille*. X. vient de faire un tour honteux!

Votre vrai ami.

Novembre 1867.

Mon cher ami,

Sauf le divertissement que je vous signale, votre fugue est bonne. Vous êtes en grandissimes progrès.—Vous trouverez ci-joint des sujets; faites-en les réponses et les contre-sujets. Ce sera le sujet de votre prochain envoi, et je vous indiquerai la fugue que vous devrez traiter.

Je suis toujours fort triste. Le coup qui m'a frappé détruit des espérances qui m'étaient chères. Peut-être tout n'est-il pas perdu, mais...

La philosophie, mon cher ami, ne peut consoler de ces douleurs-là! la philosophie ne change jamais le cœur, le cerveau et les nerfs de nature ....
[91]

J'ai parcouru dernièrement quelques chapitres de Taine. Grand talent... sec... sec! Il raisonne sur *l'art*, mais il ne le sent point.

Avec la philosophie, vous ferez des Ary Scheffer, des Paul Delaroche, je vous défie de faire un Giorgion, un Véronèse, même un Salvator Rosa!

Je vais reprendre mes répétitions. Monsieur X., Y., passe la semaine prochaine. Après, c'est à moi! Quelles lenteurs.

Allons, courage, vous aussi; je supporte bien la vie qui, pour moi, n'a rien d'agréable, je vous assure!

J'ai vu G. Je suis bien heureux de le voir hors d'affaire.

Nous avons eu une grosse discussion sur Shakespeare et Racine.

Il trouve qu'*Othello* manque de goût!

À bientôt, et toujours votre ami de tout cœur.

Décembre 1867.

Mon cher ami,

Soyez gentil. Tout en faisant votre fugue, refaites-moi tous ces contre-sujets. C'est mou, ça. Ce n'est pas net d'harmonie; ça manque d'élégance, de facilité. Ce n'est pas suffisamment musical. Allons, courage, à l'œuvre. Il est bien entendu qu'il ne faut pas refaire le contre-sujet marqué *excellent*. Faites une fugue avec ces sujets.

J'ai repris mes répétitions. Je sors, ou plutôt je ne suis pas sorti d'une grave inquiétude. Carvalho a été *très bas* (pas comme santé). Je le crois sauvé aujourd'hui, mais il ne faut pas trop crier. Il ne manquait plus que cela pour retarder encore.

Je suis toujours dans la même disposition d'esprit. Je travaille comme un nègre, leçons, éditeurs, etc. Tout cela m'éreinte, et ne répare pas les désastres du Vésinet. Enfin!...

À bientôt, cher, et toujours toute mon affection.

Janvier 1868.

Cher,

Quelques mots seulement pour vous souhaiter une existence plus conforme à vos goûts, à vos aspirations. G. me fait espérer que vous viendrez cet hiver! Je le désire de tout mon cœur. Je n'ai pas encore terminé l'examen de votre fugue. Mon ouvrage a obtenu un vrai et sérieux succès! Je n'espérais pas un accueil aussi enthousiaste et à la fois aussi sévère. On m'a tenu la dragée haute, on m'a pris au sérieux, et j'ai eu la vive joie d'émouvoir, d'empoigner une salle qui n'était pas positivement bienveillante. J'avais fait un coup d'État: j'avais défendu au chef de claque d'applaudir. Je sais donc à quoi m'en tenir. La presse est excellente! Maintenant, ferons-nous de l'argent? C'est ce que vous dira la prochaine lettre de votre dévoué ami.

Février 1868.

Excusez-moi! J'ai été souffrant, inquiet, découragé, accablé d'ennuis, de travail, de soucis, etc.

C'est bien; interrompez la fugue pour quelque temps. La période de repos est nécessaire! Faites-moi seulement deux ou trois envois de réponses et de sujets, et puis pensons à l'idée.

Mon cher ami, je joue de malheur. Barré[92] est malade; je ne sors pas des indispositions qui enrayent continuellement mon ouvrage.

Je traverse une crise; je suis très démoralisé pour mille causes que je vous dirai prochainement.

En attendant croyez toujours...[93] et complète amitié.

Février 1868.

C'est bien! cher ami. Interrompez la fugue. Vous la reprendrez plus tard, c'est-à-dire que, lorsque vous serez en pleine composition, vous écrirez à votre aise quelques fugues développées et bien musicales. Maintenant, à l'idée!

Vous allez venir et nous pourrons causer. Nous avons, *je le sens*, beaucoup de choses à nous dire. Vous êtes à un moment important de l'existence. Je serai heureux, cher ami, d'être, si je le puis, un de vos conseils, un de vos appuis. À bientôt, et toujours de tout cœur

Votre ami.

Juin 1868.

Mon cher ami,

Si j'ai tant tardé à vous répondre, c'est que je voulais me procurer la *Coupe du Roi de Thulé*[94] afin d'en causer utilement avec vous. Guiraud avait prêté son exemplaire; il est rentré depuis avant-hier, et je m'empresse de m'excuser de ce retard trop long, mais involontaire.

Je crois que vos caractères sont bien tracés. Vous paraissez peu enthousiaste d'*Angus* et de *Myrrha*. Je vous passe Angus qui est un personnage *bête* et *odieux*.—Myrrha, quoique peu sympathique, ne manque pas d'une certaine couleur.—C'est, selon moi, une courtisane antique. Le côté chatte n'a pas été suffisamment indiqué par les librettistes; c'est au musicien à réparer cette faute.—On peut tirer des effets de ce caractère félin et terrible dans l'ambition déçue: pas de cœur, mais une tête et autre chose... cela vaut mieux que rien. Réfléchissez-y bien, c'est important. Il faut que la Myrrha soit réussie... ou le premier acte et une partie du troisième sont perdus!

Votre division est bonne: je crois que les couplets de *Paddock* «Je ris», doivent avoir une grande valeur dramatique, mais *très peu* d'importance au point de vue de la forme du morceau. Il...[95] escompter l'air.—Je crois aussi que les soi-disant couplets de Myrrha à Angus sont tout bonnement un morceau d'ensemble.

La fin du premier acte est idiote. Il faut baisser la toile sur le saut d'Yorick. Là est l'intérêt.—Le deuxième acte est charmant.—Le troisième renferme de très bonnes choses. Il est difficile de *savoir d'avance* ce qu'on fera de ce poème. La fantaisie doit tout dominer.

Allez; c'est bien compris, mais attention à Myrrha. Soignez son entrée. Tout en laissant dominer l'amour d'Yorick, il faudrait là un dialogue, poser les deux caractères à l'orchestre.—Vous me comprenez.

Il est de plus en plus probable que je ne ferai pas le concours.—*Perrin*[96] est très empoigné par le poème de Leroy. Il y a des chances pour que cette affaire soit réglée d'ici deux mois, à moins que Verdi!... mais Perrin est très réellement bien disposé... Je le sais de source certaine. Si la pièce écrite donne ce que le scénario promet, il recevra la pièce avec enthousiasme. Il m'a recommandé de ne pas m'engager avec ces messieurs, et, d'un autre côté, a prié ces messieurs de ne rien conclure avec moi, tout en leur laissant supposer que je serai leur musicien. Du reste, *je sais* qu'il veut avoir la responsabilité absolue de ses affaires, et il a crânement raison. —Donc sans aucun doigt dans l'œil, *très bon espoir de ce côté*, presque certitude. Il m'a dit à moi: «Ne bronchez pas. La pièce est superbe... laissons finir». «Est-ce pour moi?» ai-je dit. «Oh! de tout cœur!», telle fut la réponse, et le ton valait mieux que la chanson.

On me demande une pièce antique pour les Italiens. Cela ne me sourit qu'à moitié.

J'ai terminé la symphonie. J'ai renoncé aux variations. Je crois que le premier morceau sera bon! C'est l'ancien thème

Illustration: musique

précédé d'une importante introduction calme qui revient au milieu dans l'agitation et termine le morceau dans une tranquillité complète. Ça ne ressemble plus du tout aux premiers morceaux connus... c'est nouveau, et je compte sur un bon effet.—Ce que vous connaissez n'est plus qu'au deuxième plan!—C'est drôle d'avoir cherché ça deux ans! Le milieu de l'andante est le deuxième motif du final qui s'arrange à merveille dans ce mouvement large... Curieux!... Satanée musique!... on n'y comprend rien!... Les archevêques[97] ont fait un four tellement abracadabrant qu'il est généreux de n'en plus parler!... Quant au *X*... il est complet!... Rochefort fait scandale avec la *Lanterne*. Le deuxième numéro est d'une audace... et d'une adresse!... À bientôt... tenez-moi au courant de votre travail... Vite lettre à votre ami.

Juin 1868.

Cher,

J'avais su par G. la maladie de votre père et votre lettre est venue me rassurer fort à propos.—Vous voilà hors d'inquiétude, profitez-en pour vous lancer. Appelez l'inspiration, elle viendra. Il ne s'agit plus d'études de caractères; il faut exprimer cet état maladif, nerveux qui s'appelle l'amour. —De la fantaisie, de l'audace, de l'imprévu, du charme, surtout, de la tendresse, de la morbidezza! J'attends avec une vive impatience votre premier morceau.

Je suis très embarrassé en ce moment; je ne sais que faire.

Si je concours à l'Opéra sans avoir le prix, je crains que les bonnes dispositions dont je suis l'objet ne se modifient à mon désavantage.

Si je concours avec le prix, cela reculera de deux ans peut-être ma grande affaire.

Si je ne concours pas et que ma grande affaire rate, je me trouverai entre deux selles!

Un conseil!

Je suis abruti; je termine l'arrangement à 4 mains d'*Hamlet*!... Quelle besogne!—Je viens de finir des mélodies pour... un nouvel éditeur. Je crains de n'avoir fait que des choses fort médiocres, mais il faut de l'argent, toujours de l'argent! Au diable!...

Rochefort tire la *Lanterne* à 90 000!!!!! C'est un grand succès. Lisez-vous cela à Crétinopolis? Le vélocipède va bien ici: plusieurs citoyens s'en sont fait mourir!...

À bientôt, cher, travaillez et croyez à la vraie affection de votre ami.

Je n'ai rien oublié des *Misérables*!... Voilà du génie!

Juillet 1868.

Mon cher ami,

Il y a de très bonnes choses dans cette introduction.

Il est à craindre que votre dessin d'orchestre, très agité, ne couvre un peu les paroles, si nécessaires pour exposer la pièce.—Il faudra un orchestre très léger et *pp*.—En général, lorsque vous avez un texte aussi important, faites en sorte d'avoir à l'accompagnement des accords détachés, ex:

Illustration: Mes seigneurs, comment va le roi

et des traits dans les *blancs* du chant.—À part cette observation, cela marche.—Le «Ni mieux ni plus mal» est bon. Harold attaque maladroitement. Il faut le «Seigneurs» après l'orchestre. N'attaquez jamais le récit dans les accords. Il faut:

Illustration: Seigneurs, le roi va tou-jours faiblis

Le chœur est bon. C'est un peu opéra-comique, un peu Auber (*Diamants de la Couronne*, acte premier, chœur des contrebandiers déguisés en moines, final). Ce n'est pas une réminiscence, du reste, ce n'est qu'un rapport. Le vieillard, le jeune homme et les femmes sont bien indiqués.— J'aurais désiré, pour le trésorier, quelque chose de plus en dehors. J'aurais abandonné le...[98] jusque-là adopté. Il y a là quelque chose...

Illustration: Fac-Similé d'un Autographe de Bizet.
FAC-SIMILÉ D'UN AUTOGRAPHE DE BIZET.
(agrandir)

«Ah! je vois le bouffon paraître», etc. Ici, je n'aurais pas repris le dessin principal, *j'aurais annoncé le bouffon*. Vous trouverez au bas de la quatrième page une ébauche informe[99], mais qui vous fera comprendre. Ce bouffon est la terreur de tous ces courtisans: il est la loyauté, l'honneur; il est la *vérité*; il est la lumière. Il faut l'annoncer par une clarté soudaine, par une transition incisive.—Votre rentrée au chœur est trop longue, sans effet. Voyez mon esquisse.—Il faut faire une coda au chœur; il faut *conclure*. Paddock est au fond du théâtre, appuyé; il regarde, il écoute, il méprise! Finissez bien le chœur, puis une ritournelle en majeur assez développée pour que Paddock ait le temps de descendre lentement toute la scène de l'Opéra. Dans cette ritournelle il faut esquisser la figure de Paddock. Je n'insiste pas; vous m'avez compris, j'en suis sûr.

Illustration: Ah! je vois le bouffon pa-rai-tre; Implorons encor les destins Implorons les destins. En-tends Dieu se'

[+ Au théâtre, que l'orchestre précède presque toujours la voix dans la surprise etc.—L'orchestre est le geste, et le geste précède toujours le cri, l'exclamation.]

En somme, le progrès continue. Encore un peu de gris dans les idées, mais c'est mieux. La forme est excellente, et c'est bien écrit. Il n'y a que «je vois le bouffon paraître» dont l'harmonie m'est désagréable. Ut ré, c'est nu et peu flatteur pour l'oreille.—Allons, courage.—Je n'ai rien de nouveau. J'ai le spleen: du noir, du noir, du noir.—Je suis content de vous voir enthousiaste de Victor Hugo, car c'est mon homme! Lisez la *Légende des Siècles*, le voyage aux bords du Rhin... *X.* est toujours ladre, gras, menteur et filou!—À bientôt, votre vrai ami.

Juillet 1868.

Mon cher ami,

Je viens d'être très malade: une angine extrêmement compliquée. J'ai souffert comme un chien! Me voici sur pied, quoique très faible encore, et je m'empresse de vous répondre. J'avais examiné votre travail avant ma maladie, et c'est précisément au moment où j'allais vous écrire qu'est arrivée l'angine.

L'entrée de Paddock est un peu trop rythmée. Ce n'est pas là l'entrée d'un philosophe. Quelque chose comme l'entrée d'Hamlet:

Illustration: musique

eût mieux fait, je crois. Je sais ce que vous allez me répondre: «Paddock ne doit pas être triste!» Non, il n'est pas triste, il n'est qu'ironiquement sinistre. Cette blague-là doit mordre comme de l'eau forte, comme du nitrate. Il y a dans le courant de la ritournelle de bons accents. Peut-être un peu longue!—*Récit* bon.—*Le Vieil.*: *Aujourd'hui trêve à l'insolence*, arrive trop tard. Il doit couper la parole à Paddock. La ritournelle que vous avez placée là ferait un temps *froid au théâtre*. J'aime bien ce que dit ce vieux comme accent: la courtisanerie a aussi ses *Prud'homme*; il n'est pas mauvais de l'indiquer en passant.—Jusqu'ici j'ai à reprocher le manque *d'intérêt musical.* Je suis *content* de la grande phrase de Paddock. Les six premières mesures sont un peu molles musicalement parlant, mais le reste est bon. C'est acerbe, contenu et violent tout à la fois. Les sauts de septièmes sont excellents.—*Ceci* est bien d'un musicien.—Vous ferez bien de raccourcir la ritournelle qui précède: «*Prends garde*». Ce dialogue est accompagné trop *touffu!* Cela manque un peu d'intérêt. C'était difficile, j'en conviens. La chanson de *Paddock* reprend bien, et la sortie du chœur est bien comprise.—Courage, il y a progrès. Continuez; soyez musical surtout. Faites de la jolie musique[100]. Envoyez-moi vite ce que vous avez de fait! Il faut espérer que vous ne ne me trouverez pas au lit.

J'ai perdu quinze jours de travail! *Sauvage*, l'un des deux auteurs de la machine que vous savez[101], a failli claquer d'une congestion bilieuse... Nouveau retard! Leroy me dit qu'il avance et que ça vient très bien!—Je viens de terminer de *Grandes variations chromatiques* pour piano. C'est le thème chromatique que j'avais esquissé cet hiver. Je suis, je vous l'avoue, tout à fait content de ce morceau. C'est traité très audacieusement, vous verrez. Puis un *Nocturne* auquel j'attache de l'importance[102]. Tout cela paraîtra en septembre ou octobre. Il se fait en moi un changement extraordinaire. Je change de peau, autant comme artiste que comme homme; je m'épure, je deviens meilleur: je le sens! Allons, je trouverai quelque chose dans mon individu, en cherchant bien.

Excusez cette lettre un peu insensée; mais j'ai mangé aujourd'hui pour la première fois et j'ai encore un peu de fièvre. Vite, vite une lettre à votre ami.

Que devient G.? S'il est à Montauban, dites-lui mille bonnes choses affectueuses de ma part.

Août 1868.

Mon cher ami,

Je suis tout à fait bien depuis hier, mais j'ai eu une rechute et j'ai souffert comme un damné... C'est passé!... On m'envoie à l'instant le résultat du vote des concurrents à l'Opéra-Comique pour la constitution du jury d'examen[103]. Cela vous donnera une idée de l'avancement des idées musicales en France!...

35 votants.

Avec	Maillart	34 !!!!!
Leuven	Thomas	32
forment	Reber	31
le	David	30
jury.	Gounod	28
	Gevaert	26
	Massé	25
	Semet	21
	Berlioz	14
	Georges Hainl	14
	Bazin	12
	Mermet	12
	Auber	11
	Saint-Saëns	4
	Bizet	3
	Offenbach	1
	Wagner	1

Ainsi, les musiciens eux-mêmes proclament Maillart prrrrremier musicien!... Elle est bien bonne!...

Je cueille cette phrase dans un article de.........

«Ses mains aussi étaient longues, mais on ne s'en plaignait pas quand ces doigts adorablement effilés allaient éveiller, sur le piano, des notes tellement séparées les unes des autres par l'étendue des octaves qu'elles n'avaient pas l'habitude de résonner en même temps!»

Ô langue française! ô bon sens! ô pudeur!...

Votre air renferme de fort bonnes choses. Je vous reprocherai:

1° La prosodie du commencement;

2° Un peu de continuité dans l'accompagnement. J'aurais voulu les périodes plus hachées... plus scène... mais l'accent dramatique est juste. L'idée musicale est toujours un peu molle. Cela ne sort pas assez!... pas assez de relief!... En somme, il y a progrès; courage!

Votre jeu de scène du Vieillard peut être bon, et, en ce cas, la ritournelle n'était pas trop longue. La coda de l'air de Paddock est un peu courte... un peu indécise... Je comprends bien ce que vous avez voulu faire... mais la rêverie, le vague, le spleen, le découragement, le dégoût doivent être exprimés comme les autres sentiments par des *moyens solides*. Il faut toujours que *ce soit fait*. Je suis heureux de votre existence un peu matérielle. C'est excellent! Le cerveau marche mieux quand le corps est en bon état. Depuis deux mois, j'ai fait une étude sommaire de l'histoire de la philosophie depuis Thalès de Milet jusqu'à nos jours... Je n'ai rien trouvé de sérieux dans le résumé de cet immense fatras!... Du talent, du génie, des personnalités très saillantes auxquelles nous devons des découvertes, mais pas un système philosophique qui soutienne l'examen... En morale, c'est différent... *Socrate*, c'est-à-dire Platon, *Montaigne* (excellent, parce qu'il n'a pas de système)... mais le spiritualisme, l'idéalisme, l'éclectisme, le matérialisme, le scepticisme... tout cela est carrément inutile!... Le stoïcisme, malgré des erreurs, faisait des hommes... En résumé, la vraie philosophie est: «examiner les faits connus, étendre les connaissances scientifiques, et ignorer *absolument* tout ce qui n'est pas prouvé, exact!» C'est là le positivisme la seule philosophie rationnelle, et il est bizarre que l'esprit humain ait mis près de trois mille ans pour en arriver là!

À bientôt, et toujours votre ami de tout cœur.

Août 1868.

Mon cher ami,

Je me suis peut-être, ou vous m'avez peut-être décerné trop tôt le titre de positiviste. Mon étude s'est portée jusqu'ici sur le résumé très sommaire de tout ce qui n'est pas positiviste, et j'ai tout rejeté. J'ai acquis cette conviction (je l'avais déjà), c'est que les grands philosophes pratiques, les législateurs, les directeurs de peuples, les *Salomon*, les *Confucius*, les *Moïse*, les *Zoroastre*, les *Solon* n'avaient aucun système philosophique; ils n'en savaient probablement pas assez pour être ce que vous nommez positivistes, et ils se contentaient d'une morale tout humaine, appuyée quelquefois, je le reconnais, sur une religion croquemitaine à l'usage des peuples, presque aussi idiots déjà qu'ils le sont aujourd'hui.—J'ai encore acquis cette conviction: c'est que Platon, Aristote, Zénon, Origène, Augustin, Abailard, Albert le Grand, Roger Bacon, Ramus, le grand Bacon, Hobbes, Descartes, Locke, Helvétius, Spinoza, Malebranche, l'admirable Pascal, Bossuet, Leibnitz, Condillac, Hegel, Cousin, Lamennais, etc., etc., vivront ou par leur mérite littéraire, ou par les erreurs qu'ils ont détruites, ou par les progrès qu'ils ont fait faire à la science, à l'intelligence humaine, mais non par leurs méthodes et leurs systèmes philosophiques.—Il est inutile de vous dire que j'ai fait ce travail au galop, à grands coups de dictionnaires, de résumés, etc. Je reviendrai sur mes pas au point de vue littéraire, mais pour rien au monde, je n'emploierai mon temps et mes forces à l'étude de ce qui me paraît puéril et insensé. Maintenant, je ne demande pas mieux que d'être tout à fait positiviste.— Faites-moi un catalogue des ouvrages à lire.—Mais jamais je ne suivrai Taine dans son parallèle irritant du progrès social et du progrès artistique. C'est faux, archifaux!—Que faut-il lire de Littré et de Comte? Faites-moi cette petite note, et merci d'avance.

Est-ce admirable ce livre d'Hugo?[104]

Vous ne le connaissiez donc pas?

Comment diable vous l'êtes-vous procuré?

Votre envoi est supérieur aux précédents. Vous progressez—lentement, peut-être—mais en art, il ne s'agit pas d'aller vite.

1° Entrée d'Yorick insuffisante comme durée et comme accent. Faire entrer un personnage sur le motif de la romance qu'il va chanter, c'est le vieux jeu. Ce n'est pas une idée typique.

2° Oter tous ces accords de fa dièse sous le récit de Paddock. C'est inutile.—Tout le reste du récit est très bon d'intention. Cela ne sort pas assez encore, mais c'est juste; il y a de l'émotion.

3° J'aurais voulu enchaîner:

«D'ailleurs, son souvenir me suivrait en tous lieux» avec la romance. Cette ritournelle refroidit. Voyez la coupure que je vous propose.

4° Le motif de la romance est joli, quoiqu'un peu court. En procédant ainsi par petits fragments de phrases, vous ne pouvez arriver à un véritable effet.—Voyez les longues phrases de *Rossini*, de *Meyerbeer*, de *Wagner* et quelquefois de *Gounod*. Voyez le duo d'*Hamlet*: «Doute de la lumière.»—«Celle qui prit ma vie» est d'un accent juste. «Car ma bouche ravie» est meilleur, mais ce qui est réellement bien, c'est «Myrrha, Myrrha!» Il y a là une expression contemplative, naïve, presque enfantine qui est vraie. C'est bon!—J'ai fait dans votre harmonie quelques légers changements que vous approuverez, je crois.

Allons, courage! Marchez, marchez; à la fin de la *Coupe*, vous aurez, j'en suis sûr, avancé d'un pas immense qui vous mettra à l'entrée du lieu.

Hier, 15 août, jour solennel. Le feu d'artifice a coûté, dit-on, cinquante mille francs de plus que d'habitude, mais il faut déduire les dix mille francs d'amende de Rochefort. L'emprunt a été couvert trente-quatre fois. Je ne suis peut-être pas honnête, mais si j'étais gouvernement, je serais tenté de filer avec le magot. Voyez-vous cela d'ici, trente-quatre fois 429 millions? Sommes-nous riches!... Hier, il à fait beau, il pleut aujourd'hui. Allons, Dieu protège la France et la dynastie. Gautier est décoré!... Que de sujets de joie! Le petit Cavaignac est-il assez mal élevé[105]!... Comme si son papa n'avait pas été arrêté, incarcéré, exilé, mis en non-activité pour les besoins de l'État.

À bientôt, cher, et croyez toujours à la vive affection de votre ami.

Septembre 1868.

Mon cher ami,

Le duo que vous m'envoyez était horriblement difficile à faire.

La forme que vous avez adoptée est heureuse.—Je vous reprocherai, cependant, de vous être contenté de bâtir un morceau de musique.—Toutes les phrases d'Yorick manquent d'élan.—Paddock est mieux traité.

J'aime assez: «J'aimais ce vieillard qui tombe.» La réponse d'Yorick est faible d'idée; de plus, c'est écrit beaucoup trop haut. Le début de l'ensemble marche; la fin tombe dans le procédé rossinien; votre trait en tierces est une vieille machine. Ensuite, cela manque d'enthousiasme. Ce Yorick est un enragé d'amour. Il doit être en pleine lumière. Il fallait un contraste entre Paddock et Yorick. C'était difficile, j'en conviens, mais j'aurais préféré mettre trop de lumière sur Paddock que de n'en pas mettre assez sur Yorick.—Votre andante est meilleur quoiqu'un peu triste: Yorick est heureux de son malheur.—Il n'est plus lui, il vit tout entier en Myrrha. —Toutes ses réponses doivent être d'une contemplation passionnée. (C'est une contradiction apparente, non réelle.) Lorsque vous lui faites dire: «Le zéphyr et la vague et l'étoile», vous vous êtes préoccupé du côté pittoresque, c'est bien! Mais avant tout l'amour, l'amour! C'est un peu froid, et puis, cette fin d'ensemble gâte tout.

Je le répète: ce morceau est d'une immense difficulté.—Il faut pour le réussir une *liberté de faire* que vous ne pouvez encore avoir acquise.—La forme va bien; vous savez. Maintenant, l'idée, l'idée avant tout. Le duo devrait être absolument décousu... C'est de la déclamation mélodique... Il faut trouver des phrases nouvelles à chaque instant, et ces phrases doivent toujours monter, monter.—J'aurais aimé une coda pp... Yorick s'est monté pour répondre à Paddock... mais peu à peu... il retombe dans sa rêverie... *dans la romance qui précède le duo.*—Paddock le regarde, s'attendrit.— Yorick finit en disant: Myrrha! Myrrha! J'aime Myrrha... et Paddock qui l'aime, qui voit l'inutilité de ses efforts, cesse de le morigéner; il le plaint, lui prend la main... Yorick en extase le laisse faire; il se penche, s'appuie sur l'épaule de son ami. Chez Paddock, la haine est dominée un instant par la tristesse qu'inspire à tout philosophe vraiment sensible le spectacle de l'abaissement de la dignité humaine. Je ne m'étends pas davantage sur ce sujet, vous m'avez compris!... Il faudra peut-être ajouter quelques vers pour cette coda... Elle manque... *j'en suis sûr*!

Essayez donc de refaire ce morceau. Ce sera un excellent exercice. Mettez-vous dans la peau d'Yorick; Paddock viendra tout seul.

Je n'ai pu encore profiter de vos indications; je me...[106] et je me remets au travail avec acharnement.—Il se fait en moi un changement tellement radical au point de vue musical que je ne puis risquer ma nouvelle manière sans m'y être préparé plusieurs mois à l'avance.—Je profite de septembre et d'octobre pour cette épreuve. En rentrant à Paris, j'attaquerai Littré.

Allons, ne vous découragez pas.—*En avant.*—Je n'ai pas besoin de vous demander si vous êtes *satisfait* de certaines choses.[107]—Ah! ça va bien... Est-ce que ça va durer longtemps?...[108]

La situation manque de *Paddock*...

À bientôt,

Votre vrai ami.

Octobre 1868.

Cher ami,

Votre lettre m'a fait grand plaisir et votre duo plus encore. À la bonne heure, c'est mieux, il y a de la vie, du mouvement. Votre Paddock est encore un peu sombre.

Votre seconde phrase:

«Quand la neige vient à fondre»

est très bonne.—Dans la fin du 1er ensemble il y a un peu trop de l'accord Illustration: musique; je vous ai indiqué deux mesures à couper; voyez.— La phrase:

«Tu pourrais en rire»

est bonne pendant les huit premières mesures et devient *très bonne* ensuite.

«Le zéphyr et la vague», *très bien. Ton filet* est trop long et trop sombre, puis la réponse d'Yorick se fait trop attendre. Il y a là trois mesures de ritournelle inutiles. Cette nouvelle phrase d'Yorick est moins bonne que la précédente. Le rappel de la romance fait bien, mais je voudrais une partie pour Paddock, puis une coda instrumentale plus soutenue, pas de trous, un accord de la perdendosi avec tenues sur lesquelles vous ferez entendre des Illustration: musique

Somme toute, il y a grand progrès. Il faut vous lancer. Ne vous occupez pas d'autre chose que de sentir et d'exprimer. Courage; je suis *beaucoup*, mais beaucoup plus content de ce nouveau travail, avec cette circonstance que c'est un morceau refait. C'était bien plus difficile.

En quelques mots, voici où en sont mes affaires.

La reprise de *Faust* avait complètement coulé la pièce de Leroy et Sauvage, à cause de la *Nuit du Walpurgis*; mais en faisant les décors et les costumes de *Faust*, Perrin s'aperçoit qu'il n'y a aucune espèce de rapport entre les deux ouvrages, et il redemande l'affaire à cor et à cri. La pièce est très avancée. J'ai lu hier le premier acte qui est très réussi; tout à l'heure on va me montrer le deuxième. Dans quelque temps, j'aurai, je pense, mon poème. Seulement, Perrin me demande formellement (et avec *l'autorité pressante* dont dispose un directeur de l'Opéra envers un compositeur qu'il tient entre le pouce et l'index), Perrin donc me demande de concourir pour la *Coupe*.—Il me tient ce langage: «Vous aurez le prix; si vous ne concourez pas, j'aurai une partition médiocre, et je serai navré de ne pouvoir obtenir avec la *Coupe* le succès que je rêve.—*Vous seul* pouvez réussir cet ouvrage aujourd'hui!» Traduisons:

«J'ai peur de n'avoir pas une très bonne chose à mon concours.—Si Bizet concourt, j'aurai une chose possible; s'il y a mieux, je lâcherai Bizet avec ardeur.»

D'un autre côté, j'ai fait les deux premiers actes, et je suis *extrêmement content.*—C'est *de beaucoup* supérieur à tout ce que j'ai fait jusqu'à ce jour. —Le deuxième acte surtout est, je crois, très bien venu; toute la scène d'Yorick et Claribel avec la vision me paraît être, non relativement, mais *absolument* une bonne chose. (Avec vous, je me déboutonne.)—Guiraud a réussi aussi cet acte au point de vue musical, mais, à mon sens, c'est trop loin de la couleur. En somme, je suis dans une grande perplexité: Perrin travaillera soigneusement les partitions avec Gevaert[109].—Gevaert est un honnête garçon, et c'est un immense musicien, éclectique, et plus en état que Gounod, Berlioz, de juger de la musique.—Perrin me dit: «Ne vous inquiétez pas du jury; qu'il soit en jambon de Mayence ou en pâtes d'Italie, j'en ferai ce que je voudrai.»

Ne pas avoir le prix, c'est un chagrin et une mauvaise note pour l'Opéra.

Le laisser enlever par un monsieur qui ferait moins bon que moi serait rasant.

Que faire?

Voilà pourquoi je n'ai lu ni les livres que vous m'avez indiqués ni la préface de Michelet[110].

J'ai énormément travaillé. Je ne suis décidément pas content de mon final de symphonie. Ce n'est pas à la hauteur du reste.

Vous ferez bien de renvoyer votre poème[111].—Dites mille choses à G. et pour vous, mon cher ami, mes meilleures amitiés.

1° L'autre jour, on jugeait deux fusiliers au conseil de Guerre.—Le premier a blessé grièvement un paisible bourgeois qui restera paralysé le reste de ses jours:

Six jours de prison.

Le second a distribué une fort jolie collection de coups de sabre à plusieurs ouvriers dont un avait eu la bonté de le ramasser dans le ruisseau:

«Mon colonel, dit-il, on a crié vive la *Lanterne*! et ça m'a exaspéré.»

Acquitté!

Où allons-nous?

X... vient de laisser publier une lettre de lui dans laquelle je trouve cette idée charmante:

«Cette soi-disant musique de l'avenir est assez bonne pour une génération née dans le désordre, les barricades et les révolutions.»

Vieux ruffian!

Il y aurait cette réponse à lui faire:

«J'aime mieux appartenir à la génération du désordre et des barricades qu'à celle dont les plus illustres représentants épousent des filles entretenues, lorsqu'elles ont cinquante mille livres de rente.»

Décembre 1868.

Mon cher ami,

J'ai vu G... Je suis donc rassuré.

Vite, une scène.

Je vais vous gronder:

Vous êtes un penseur, vous êtes essentiellement intelligent, vous avez des connaissances physiologiques rares chez un homme de votre âge; il vous est permis de rater un morceau, c'est, hélas! permis à tout le monde, mais vous ne devez pas lâcher une scène aussi importante que l'entrée de Myrrha.—Si vous aviez eu à peindre avec la plume, vous auriez fait tout le contraire de ce que vous m'envoyez.

Cette Myrrha est une courtisane antique, sensuelle comme Sapho, ambitieuse comme Aspasie; elle est belle, spirituelle, charmante.—La séduction inouïe qu'elle exerce sur Yorick en est la preuve.—Dans ses yeux, il doit y avoir cette expression *glauque*, indice certain de sensualité et d'égoïsme poussé jusqu'à la cruauté.

Maintenant, pour votre ritournelle d'entrée.... Eh bien!...

Toute cette conversation doit être basée sur une symphonie quelconque exprimant la fascination de Myrrha sur Yorick.—Cette symphonie doit commencer à: *Je tremble au seul bruit de ses pas.*—Le serpent arrive, et l'oiseau ne bat plus que d'une aile.

Rappelez la romance dans cette symphonie, soit, je le veux bien;—quoique à mon sens l'entrée de Myrrha doive exprimer l'amour autrement. —Yorick seul est libre; il chante son amour avec passion, avec délire; il le dit *au nuage*, à l'étoile.—Myrrha présente, il est éteint.—Je n'insiste pas, car vous m'avez compris.

Autre reproche moins grave.

L'entrée est trop courte. Elle n'a pas le temps d'entrer, *elle*, Angus, et les dames et seigneurs qui les accompagnent. Elle est appuyée sur le bras d'Angus; elle entre lentement, rêveuse, distraite; elle promène son regard sur tout ce qui l'entoure et l'arrête presque dédaigneusement sur Yorick.

J'aime la deuxième partie de votre travail; le chœur est bon. Une critique cependant: j'aurais voulu tout ce que dit Harold en récit, mesuré, peut-être, mais sans dessin d'orchestre. *Il faut entendre les paroles*, absolument.

Que tout ceci ne vous décourage pas, mais vous persuade que, à votre insu, vous ne mettez pas tout ce que vous savez et ce que vous êtes dans votre musique; vous pensiez à Ténot[112] en faisant votre entrée de Myrrha, je le parie...

Moi aussi, j'y pense, et je n'admets pas qu'un seul homme de cœur ne consacre pas à ces recueils de faits si secs, mais si instructifs, de longues méditations.—Mais avec Myrrha, il faut oublier, absolument.—Allons, vite, une autre entrée, qui sera bonne cette fois, j'en suis sûr.

Ma situation est toujours la même. L'insistance de qui vous savez est devenue plus pressante que jamais.—Il en parle à mes amis et les lâche sur moi.—Il faut que je m'exécute... Au petit bonheur... (Il y a un an, j'aurais dit: À la grâce de Dieu!) J'ai passé une soirée avec l'abbé X... *Tous farceurs!*... Je ne sais si vous lisez le *Diable à quatre*. J'y trouve un extrait de Taxile Delord (écrit en 1851), adressé à M. Veuillot et ses amis:

«Vous lirez cet article, charmants confrères, et vous croirez nous avoir mis en colère. Vous nous démangez, voilà tout. Capucins, prêtraillons, pions de séminaire, punaises de chapelle, pucerons de sacristie, se fourrent aujourd'hui partout. Il faut secouer de temps en temps la gale cléricale. C'est pourquoi nous avons versé quelques gouttes d'ammoniaque sur votre acarus en chef.»

C'est assez bon, n'est-ce pas?

Pasdeloup va jouer ma symphonie.

Allons, au travail, et bon courage. À bientôt, cher, et toujours, toujours votre ami dévoué.

Décembre 1868.

Cher,

Voilà qui est infiniment meilleur!—C'est un peu triste.—Plus rose vaudrait mieux, mais tel quel, cela peut marcher.

Je crois l'ensemble du duo utile, mais cela dépend de la forme que vous avez adoptée. Cependant ces quatre vers d'Yorick me paraissent nécessaires. *Écoute la voix qui t'implore*: évidemment il va dire quelque chose:

Sans Myrrha, etc.

L'ensemble ne doit venir qu'après ces quatre vers chantés par Yorick.—Si vous faites là une *phrase* commençant par la tonique, vous vous tromperez. Il faut une idée incidente, mais importante. C'est difficile, très difficile, j'en sais quelque chose.—Allons, courage.

Lisez le *Diable à quatre* paru aujourd'hui samedi et signé E. Lockroy. C'est excellent!

S'il n'est pas poursuivi, j'en serai quelque peu surpris. Il est vrai que c'est tellement fort, que le meilleur est de laisser passer. Si Crétinopolis s'éveille, je crois que Paris ne s'endort pas. Espérons!

Donnez un coup de collier au premier acte pour arriver au second, ou si vous le préférez, passez au deuxième de suite.

À vous mille fois de mes meilleures amitiés.

Janvier 1869.

Mon cher ami,

I.—Récit, un peu insignifiant.

De ton âme troublée, bonne phrase, qui paraît être la tête d'un morceau et qui, malheureusement, reste isolée.

Le chœur «*Par ses exploits*» est trop fanfare de trompettes; vous trouverez cette phrase-là dans Grétry.

«*Seigneur Angus*». Il y a là, mon cher ami, un morceau nécessaire; morceau court, vif, gai, alerte, comique.—Ce 4 temps languissant ne rend pas l'effet voulu. Tout cela est trop dans le même caractère; cela se suit, s'enchaîne; les plans ne sont pas marqués.

La légende est d'une bonne couleur. C'est intéressant au point de vue musical.

Malheureusement, la fin manque d'*effet*. Quand je dis *effet*, je n'entends pas une chute violente, brutale, mais impressionnante.—Les chœurs doivent prendre part à la légende; tous doivent répéter avec terreur: *la coupe d'or, la coupe d'or!* Il y aurait peu de chose à faire pour que ce morceau-là fût bien.—Maintenant, je ne comprends pas le chœur final finissant piano. Tous ces gens-là crient: *Vive Angus!*... Le vieux roi n'existe plus pour eux.—Du reste, je suis un peu cause de vos erreurs. Je vous ai engagé dans la deuxième version que je croyais meilleure que l'autre, mais je me suis aperçu que la première était seule possible.—Le «*Seigneur Angus, je dirais: Sire*» doit précéder l'explosion. Les courtisans sont encore timides; ils font leurs compliments en douceur.—Puis la *légende* les calme un peu.—Lorsque le roi envoie chercher Paddock, le *froid* augmente considérablement.—L'attitude de Myrrha vient réchauffer la situation, etc.—Du reste, pour vous convaincre, j'aurais besoin de causer avec vous.—Lorsque vous verrez le morceau que j'ai écrit, vous me comprendrez tout à fait.—En somme, le morceau.....[113] la légende a été bien comprise. Envoyez-moi vite la fin du premier acte.

J'ai lu toutes les *Lanternes. Il* a eu des choses de premier *ordre.*—À propos de Marfori: «Ce courtisan, qui s'est trouvé trop *harponné* par ma dernière Lanterne, et que la *marée* révolutionnaire a porté sur nos côtes, veut, dit-on, m'envoyer des témoins.—Bravo! Nous nous battrons à l'hameçon!» Une, autre fois: «On annonce que *Barnum* a perdu un phoque sur lequel il fondait les plus belles espérances.—On lui prête l'intention de remplacer cet animal par M. Marfori. Nul doute que pour une somme rondelette, Marfori ne consente à changer de *baquet*!»... Quand je vous verrai, je vous raconterai les choses saillantes, dont j'ai retenu sinon la forme, au moins l'idée.—J'ai vu G. qui est allé passer quelques jours en Angleterre. N'en dites rien chez lui.—Il a eu une excellente occasion de voir Londres *gratis pro Deo.*

On copie ma symphonie. Le copiste de Pasdeloup m'annonce mes parties d'orchestre pour cette semaine.

J'ai terminé les deux premiers actes de la *Coupe.* Je suis très content.

À bientôt, cher, et toujours mille fois votre ami de tout cœur.

Février 1869.

Mon cher ami,

Je suis désolé de vous savoir souffrant; si ma lettre ne vous trouve pas mieux, j'ordonne un repos de quelques jours.

Arrivons à votre affaire.—Au moment où les courtisans sont au comble de l'enthousiasme et vont proclamer Angus par anticipation, quatre officiers paraissent au haut de l'escalier.—Ils sonnent une fanfare grave, lugubre; tous s'arrêtent en s'inclinant! Harold paraît: *Le roi n'est plus!* Tous les seigneurs se prosternent: Hélas!... Puis (?) sur le jeu d'Harold, les chambellans, les X., les Y., revêtus de leurs insignes, sortent du palais.— Les Cours de cassation, d'appel, etc., le Sénat, tout le bataclan, descendent sur une *marche* grave et s'avancent sur le devant de la scène! Des officiers portent la couronne, le sceptre, tous les insignes de la royauté.—Paddock les suit, portant la coupe. À sa vue, épatement général, mouvement: on s'agite, on s'élance, et, sur la marche éclatante et pompeuse cette fois: *Gloire au maître de Thulé!* Voilà, mon cher ami, comment cette scène doit être traitée.—Voilà pourquoi la *première* version du livret est meilleure. Un simple rappel du chœur: «*Seigneur Angus, je dirais: Sire*», et Paddock: *Oui, cette royauté me tente.*—Vous m'avez compris. Pour les fanfares, elles ne sont pas de moi, mais bien d'*Hérodote* ou d'un autre.

La couleur de votre *fable* n'est pas mauvaise, mais l'idée est molle. 1re *strophe*, presque un récit:

> *Que ton choix souverain la donne*

avec autorité;

> *À qui doit régner après moi!*

avec douleur, larmes.

À la 2e strophe, un dessin aux violoncelles, aux altos, une gamme chromatique serpentant à travers l'orchestre: l'astuce, la cruauté, la bassesse, etc. Les deux derniers vers avec éclat! 3e strophe, des trémolos sur le chevalet, des basses bizarres, des harmonies difformes: la grimace du singe terrible! Après ce vers:

> *Le singe, avec une grimace,*

un silence. Paddock remonte la scène... pour se rapprocher de la mer. Il faut lancer la coupe, ne l'oublions pas! Que la coupe retombe sur la scène, et la pièce tombe!... Il faut penser à tout!

L'insensé! qu'a-t-il fait?

Vivace, tout de suite le ¾.—Pas d'*Harold* seul, pas d'*Angus* seul, pas de *Myrrha* seule! Du bruit, du tumulte, de l'agitation! Votre ¾ est bon, c'est ce qu'il faut!...

Mais la fin, mon cher ami! Vous avez fait une barcarolle.

Votre musique dit:

> Myrrha, la brise est douce
> Et le flot engageant, etc.

Vous voyez la nuance.—Le $^6/_8$ est un mauvais mouvement pour la chose: un motif large, mais pas trop assis.—Dans le lointain, l'orage qui augmente jusqu'au lever[114] du rideau. Après, la 2e reprise du motif que je ferais dire par Myrrha à l'unisson d'Yorick: «Pêcheur, *la brise est forte, et le flot écumant, si la mer te rapporte, je tiendrai mon serment.*» Il est bon de l'engager; les auteurs de la pièce n'y ont pas assez songé. Une assez longue ritournelle: les flots montent; c'est une tempête. Pendant cette musique, le petit s'est échappé. Il est monté sur la galerie; il fait un signe d'adieu, un cri, et le motif à l'orchestre avec le tapage complet.

Ce plan est la critique de votre travail.—Comme musique, ce n'est pas mauvais. Mais ce n'est pas cela.

Mettez en scène, mon cher ami, et vous verrez alors où vous pêchez! Songez donc à remplir cette grande scène de l'Opéra.—Mais, je vous le répète, reposez-vous.

Je répète ma symphonie petit à petit; c'est difficile, mais c'est bon, je crois!

Changement de front! Nouvelle direction de l'Opéra-Comique qui m'a demandé ouvrage par lettre! Nous cherchons une grande pièce: trois ou quatre actes.—C'est du Locle, le neveu de Perrin (ou plutôt Perrin lui-même, *Leuven* reste pour la forme).—Le Théâtre-Lyrique sera entre les mêmes mains dans trois mois.—Bref, on veut me faire faire une grande machine avant l'Opéra. Je veux bien, et je serai charmé de lâcher le concours et d'essayer de changer le genre de l'Opéra-Comique.—Mort à la *Dame Blanche*!

À bientôt, cher, et à vous de tout mon cœur.

Mon cher ami,

Votre lettre m'a fait un double plaisir:

1° Elle m'annonce le rétablissement presque complet de votre santé;

2° Elle m'apporte un bon travail qui a une réelle valeur, malgré les critiques que je vais vous adresser.

Entr'acte très bon, mais malheureusement beaucoup trop court!

Songez donc au temps que nos gandins mettent à s'asseoir, essuyer les lorgnettes, etc. Ce que vous avez fait est bon, mais ce n'est pas suffisant.

Le chœur est joli, d'une bonne couleur, les harmonies ont du vague, mais le rythme de barcarolle me chiffonne beaucoup. L'accompagnement est sur l'eau, et il doit être dans l'eau.

Le milieu (solo de sirènes) me plaît également, mais pourquoi la même musique pour deux strophes, qui diffèrent absolument de caractère. Il y a là deux types différents: la sirène sentimentale et la sirène railleuse.—Vous avez fait seulement la première.

À part ces trois critiques, je suis très content de votre envoi.—Malgré mon désir de vous voir, je vous conseille de ne venir qu'au beau temps. La boue et le ciel de Paris vous seraient peut-être nuisibles. Pensez-y.

Courage donc, cher, et mille amitiés de votre...

Février 1869.

Mon cher ami,

X. m'ayant demandé de lui composer une valse sur des motifs du nouveau ballet de..., je me suis mis à l'œuvre immédiatement; votre envoi était sur ma table, j'ai cru avoir affaire à une feuille de papier blanc... et voilà pourquoi vous trouverez au dos de votre romance une ignoble saleté. Pardon!

Soignez-vous, cher ami. Je suis heureux que vous vous décidiez enfin à écouter les conseils de votre médecin.—L'équitation, l'escrime vous donneront peut-être encore de meilleurs résultats que la philosophie.— Apprendre à connaître l'homme n'est pas toujours une besogne bien ragoûtante, alors même que l'on fait cette étude sur soi-même.— Promenez-vous, rêvez, respirez!... Votre santé s'en trouvera bien, et l'imagination ne s'en trouvera pas mal.—

J'arrive à votre envoi.—J'aime l'entrée de Claribel.—C'est très intelligent. —Il y a de la douleur, du.....[115] autant que de la féerie. C'est ce qu'il faut, et c'est (ce) qu'on ne fera pas généralement.

J'aime le récit de Claribel parce qu'il est vrai, simple et poétique; *blancs rayons* est trop haut.—Comment voulez-vous prononcer sur ces notes excentriques quand il faut un son doux, égal, discret.

La sortie du chœur est insuffisante *comme durée*. Quarante choristes et trente danseuses à écouler. Manquent huit ou dix mesures.—Du reste, cela dépend un peu de l'arrangement de la scène.

J'aime le récit de la (*sic*) Claribel et de la sirène.—Très bien le ¾ après *ce mal, c'est l'amour.*

Et pourtant, c'est en vain que je lui tends les bras manque d'accent (mais ce n'est pas mauvais).

J'aime aussi la romance.—J'aime surtout le *Elle pleure* de la Sirène.— C'est juste; il y a du charme là.

Peut-être (mais ceci est difficile à juger), peut-être votre Claribel est-elle trop résignée!... Peut-être faudrait-il plus de révolte, de rage. *Mais cet homme que j'aime*, surtout la deuxième fois, demande une explosion à mon avis. Mais cet effet ne peut s'obtenir en mettant les deux strophes sur la même musique.

En somme, c'est bien! C'est énormément supérieur au premier acte. Courage donc, mais ne vous fatiguez pas.—Travaillez à votre aise.

Rien de nouveau pour le choix d'un poème Opéra-Comique.—Du Locle et Sardou retapent la pièce qu'ils me destinent.—Du Locle n'a pas encore lu celle que je voudrais faire.—Perrin est, je crois, tout à fait dégoûté du poème de Leroy et Sauvage La symphonie se répète toujours. Ce pauvre Pasdeloup en sortira-t-il?

À bientôt, cher ami, et croyez toujours à l'affection solide et dévouée de...

Mars 1869.

Mon cher ami,

Grands progrès!...

Tout cela se tient. C'est fait. Comme scène, c'est bon.

Je reproche au chœur des sirènes d'être écrit à quatre parties en canon. Les voix se mêleront. Ce ne sera pas clair, et l'idée musicale, en somme, n'est pas suffisante.—Le récit de Claribel, la symphonie imitative, tout cela est bon.—L'air de Claribel manque de grandeur. Le début est joli, mais est-ce là la reine de l'Océan? C'est aimable!... mais il faut plus que cela. J'aime beaucoup mieux le milieu qui a de la tendresse, du charme, et qui est plus *grand* que la première partie.—En somme, cela va!... Continuez. Je suis curieux de votre duo.—C'est la grosse affaire!...

J'attends toujours un poème.—L'affaire Leroy et Sauvage est lâchée définitivement.—Les auteurs sont embêtés! mais l'œuvre n'était pas parfaite, loin de là: d'excellentes choses, mais d'autres choses faibles.—Du Locle est en Italie; il revient la semaine prochaine. Il dit à tout le monde que je serai une des colonnes de son édifice, etc, etc. Perrin me comble de témoignages d'estime, etc., etc.

Le moindre poème serait bien mieux mon affaire!

Il est vrai que jusqu'à présent, personne n'en a.—Perrin m'a dit, il y a deux jours: J'ai deux choses en vue. Du Locle revenu, nous allons marcher. C'est lui qui me demande; il me reproche mon indifférence, etc., etc. En somme, je *sais* que mes affaires vont bien, mais que c'est long!

Choudens grave ma symphonie, *orchestre, arrangements*, etc. Quand venez-vous?

À bientôt, cher, et toujours ma meilleure amitié.

Ma symphonie a très bien marché.—*Premier morceau*: une salve d'applaudissements, quelques *chuts*, seconde salve, un sifflet, troisième salve.

Andante: une salve.

Final: beaucoup d'effet, applaudissements à trois reprises, chuts, trois ou quatre coups de sifflet. En somme, succès.

Avril 1869.

Mon cher ami,

Tout cela est bon. Peut-être ça manque-t-il un peu de modulations.—Dans ces bruissements, ces arpèges mystérieux, les transitions sont nécessaires. Un peu trop de si bémol, mais ce reproche n'a rien d'absolu.—Pourquoi n'avez-vous pas fait la réponse de la sirène?

Vous savez, l'invitation au ballet?... Vous auriez ainsi terminé toute la première partie de l'acte.—Peu important, du reste.—J'avais pensé pour l'entrée d'Yorick (que vous m'envoyez) à une combinaison de trois motifs:

1° La romance d'Yorick, premier acte;

2° L'entrée de Myrrha, premier acte;

3° *Myrrha, la brise est forte*, premier acte.

Yorick rêve... il pense à Myrrha... à son plongeon... Tout cela est confus. Je crois que des bribes de motifs à peine indiqués auraient été d'un joli effet.

J'approuve complètement votre projet de ne venir qu'au beau temps. Paris est en ce moment ordurier. C'est ignoble! On dirait un reflet fidèle de ce que vous savez bien!...

J'ai assisté hier à la répétition générale de *Rienzi* au Théâtre-Lyrique.—On a commencé à huit heures.—On a terminé à deux heures.—Quatre-vingt musiciens à l'orchestre, trente sur la scène, cent trente choristes, cent cinquante figurants.—Pièce mal faite. Un seul rôle: celui de Rienzi, remarquablement tenu par Monjauze. Un tapage dont rien ne peut donner une idée; un mélange de motifs italiens; bizarre et mauvais style; musique de décadence plutôt que de l'avenir.—Des morceaux détestables! des morceaux admirables! au total; une œuvre étonnante, *vivant* prodigieusement: une grandeur, un souffle olympiens! du génie, sans mesure, sans ordre, mais du génie! sera-ce un succès? Je l'ignore!—La salle était pleine, pas de claque! Des effets prodigieux! des effets désastreux! des cris d'enthousiasme! puis des silences mornes d'une demi-heure.—Les uns disent: c'est du mauvais Verdi! les autres: c'est du bon Wagner! C'est sublime!—C'est affreux! c'est médiocre!—Ce n'est pas mal! Le public est dérouté! c'est très amusant.—Peu de gens ont le courage de persister dans leur haine contre Wagner.—Le bourgeois, le gandin sentent qu'ils ont affaire à un grand bougre, et ils pataugent.—Nous verrons mardi; le public d'hier, composé d'invités, était forcé d'être poli. D'ici à quelques jours, j'aurai peut-être terminé avec l'Opéra-Comique.—Je vous tiendrai au courant.

* *

À bientôt, mon cher ami, et toujours croyez à la vive affection de votre

Je n'ai pas vu G. depuis une quinzaine.

Mai 1869[116].

Mon cher ami.

Je vous annonce *secrètement* ce qui sera officiel dans huit jours.

Je me marie.

Nous nous aimons—Je suis absolument heureux.

* *

Je vais passer l'été campé... Je ne m'installe qu'au 15 octobre.—D'ici là, notre existence sera très fantaisiste.

Ne dites rien à personne.

Votre ami.

P.-S. J'ai reçu votre mot.—Soignez-vous.—Je suis comme vous très occupé des élections.—Avez-vous lu *l'Homme qui rit...* et le *Rappel*?

Espérons.

Cher ami,

Je n'aime pas beaucoup à donner des conseils, mais une fois n'est pas coutume:

À votre place, j'irais me retremper à la campagne; je passerais l'été à me reposer, rêver; je travaillerais peu, je lirais modérément; je laisserais un peu de côté la philosophie et les inconvénients qui en découlent;—et au mois d'octobre ou de novembre ou même de décembre, je viendrais à Paris. Je suis peut-être un peu intéressé à vous conseiller cette combinaison.—Mon père est indisposé, et cette indisposition va peut-être retarder mon mariage de quelques jours. Je pars immédiatement. Je ne vous verrai pas.—Que ferez-vous à Paris en juin? Pas de théâtres, rien d'intéressant... Enfin, cher ami, voyez; mais je vous avoue que quel que soit mon bonheur, je me consolerais difficilement de ne pouvoir profiter de votre voyage.

Écrivez-moi. Qu'allez-vous faire?—*En juin*, nous nous verrons si peu...

Votre vrai ami.

Octobre 1869, 22, rue de Doual, Paris.

Mon bien cher ami,

La détermination que vous prenez est aussi favorable à votre santé morale qu'à votre santé physique. Ici, tout est troppmannisme, haussmannisme et napoléonisme! Vivez au grand air, cultivez, travaillez et moralisez! Supposez dans chaque département cent agriculteurs de votre trempe, et voyez où nous en serons dans vingt ans.—Ce que vous avez fait n'est pas perdu! Vous vous êtes préparé des jouissances d'autant plus grandes qu'elles contrasteront davantage avec vos occupations ordinaires. —Vos nerfs conserveront leur délicatesse, grâce à la musique, et vos muscles se fortifieront, grâce à l'agriculture. Vous pourrez exercer votre influence sur une certaine quantité d'hommes et vous aurez conscience du bien que vous ferez chaque jour.—Au point de vue du progrès humanitaire, vous ferez cent fois plus que vous n'auriez fait dans cette lutte fatigante, énervante et souvent, hélas, sans issue.

Avec les livres, votre intelligence et un petit séjour à Paris tous les deux ans, vous serez plus avancé que nos chroniqueurs les mieux informés.—À un autre point de vue, celui de la famille (quelque imparfaite que soit cette institution), vous vous ouvrez un avenir qui vous aurait été fermé bien longtemps, toujours, peut-être.

* *

Vous faites bien de ne pas venir à Paris cet hiver; je vous verrais avec peine renoncer à vos nouveaux projets, car je *sens* que de leur réalisation dépend votre bonheur. Installez-vous dans vos résolutions; exécutez, et l'air de Paris ne pourra plus vous être nuisible. Vous allez, sans doute, rester un temps assez long sans composer, *mais vous y reviendrez*, et je serai toujours là, vous le savez.—Je ne serais même pas étonné qu'un grand progrès fût le résultat de votre nouvelle situation.

Donc, mon cher, je suis heureux, content, complètement satisfait de cette grande résolution. *Vous faites bien*, et mon amitié pour vous ne saurait m'égarer.

Je suis éreinté en ce moment. Nous nous installons, grosse affaire, et je travaille à *Noé*[117].—J'ai livré deux actes.—Il faut donner le *troisième acte* le 25 octobre et le *quatrième* et dernier acte, le 15 novembre.—Je m'y suis engagé par traité et je m'exécute. Mais, par traité aussi, j'ai fait des réserves expresses pour l'interprétation. La *basse* et la *première chanteuse* me manquent.—Je ne les vois nulle part, et si je ne les trouve pas, *Noé* attendra.—*Du Locle* est de retour depuis deux jours. Nous allons donc enfin finir quelque chose.—Voilà, cher, où en sont mes affaires... Et G., où est-il? À Paris sans doute. Demeure-t-il toujours au même endroit? Dès que j'aurai des chaises, je lui écrirai de venir nous voir.

Écrivez-moi toujours souvent. Je vous aime de tout mon cœur, vous le savez, et vos lettres me font grand bien.

Toujours, mon cher Edmond, votre ami dévoué.

Juin 1870.

Mon cher ami,

Au galop un mot. Je pars. Je vais à Barbizon passer quatre mois. J'emporte une charmante pièce de *Sardou* (pressée) et puis *Calendal* et *Clarisse Harlowe* etc.

Que de besogne.

* *

Je vous renvoie vos manuscrits dans lesquels j'ai trouvé de bonnes choses. Je n'ai pas vu G. depuis deux mois.

Écrivez-moi à Paris. On m'envoie mes lettres.

Votre ami.

Août 1870.

Mon cher ami,

J'espère bien que votre santé un peu délicate vous évitera le service actif. Ne négligez rien dans ce but. Ce pauvre G. doit être pris hélas! Je pense que le prix de Rome sauvera Guiraud.—Je rentre à Paris demain matin. La garde nationale sédentaire me réclame.—Eh bien... les 7 300 000 doivent être contents!... Voilà la tranquillité, l'ordre, la paix! Aujourd'hui, il s'agit de sauver le pays! Mais après?...

* *

Et notre pauvre philosophie, et nos rêves de paix universelle, de fraternité cosmopolite, d'association humaine!... Au lieu de tout cela, des larmes, du sang, des monceaux de chair, des crimes sans nombre, sans fin!

Je ne puis vous dire, mon cher ami, dans quelle tristesse me plongent toutes ces horreurs. Je suis Français, je m'en souviens, mais je ne puis tout à fait oublier que je suis un homme.—Cette guerre coûtera à l'humanité cinq cent mille existences. Quant à la France, elle y laissera tout!...

Écrivez-moi à Paris, mon cher ami, dites-moi votre situation, car *nous* sommes inquiets de vous.

Votre ami dévoué.

Août 1870.

Mon cher ami,

* *

On crie dans la rue la mort du prince Frédéric-Charles, mais ce n'est pas officiel, je crois.—Les choses vont mieux. Le langage de *Trochu* me plaît. *Palikao* dit: «J'ai nommé: j'ai envoyé», et *l'autre* voyage en 3ᵉ classe. Il a bu un verre d'vin avec le chef de gare de Verdun.

Quelle fin!...

Votre ami qui vous aime de tout cœur.

Guiraud ne part pas. *Prix de Rome* exempte. Je crois comme vous que la loi n'atteindra que les anciens soldats à moins de défaites nouvelles.— Deux cent mille hommes passent le Rhin. Berlin et les forteresses vont être dégarnis. Dans huit jours nous aurons de quatre à cinq cent mille Prussiens à quarante lieues de Paris; mais c'est le suprême effort. Si cette masse est rompue, la Prusse sera ce que la France voudra qu'elle soit! Espérons!

Paris, 26 février 1871.

Cher ami, Paris débloqué, j'ai dû me rendre à Bordeaux pour affaires de famille. Je rentre et trouve votre bonne lettre............................nous nous retrouvons debout, vivants, ou à peu près, sur les ruines de cette pauvre France, si coupable mais aussi bien malheureuse. Ce que coûtent les Napoléons, nous ne vivrons peut-être pas assez pour le savoir!

* *

Je voudrais cet été terminer *Clarisse Harlowe* et *Griselidis*. *Griselidis* est très avancée. *Sardou* veut changer le dernier acte. Dès qu'il sera rentré à Paris, je vais le prier d'en finir afin que j'en puisse faire autant. Quant à *Clarisse*, c'est à peine commencé.

Avez-vous des nouvelles de G.? Écrivez-moi bientôt, cher ami, rétablissons notre correspondance, n'est-ce pas? et croyez à la vive affection de...

Juin 1871.

Cher ami,

Enfin! C'est fini! C'est au nom de la République, au nom de la liberté, au nom de l'humanité que ces drôles ont assassiné des républicains comme mon pauvre Chaudey! Pauvre France! N'est-il donc pas de terme moyen entre ces fous, ces brigands et la réaction? C'est à désespérer! Nous sommes navrés, tous mes amis et moi.—Malheureusement, les récits n'ont rien d'exagéré! C'est l'assassinat et l'incendie élevés au rang de système politique! C'est infâme. Maintenant, que va-t-on faire? Allons-nous retomber dans la vieille légitimité?... Ce sera une trêve, et la révolution à l'horizon!... Hélas!...

* *

Adressez vos lettres, 8, route des Cultures, au Vésinet, par Saint-Germain-en-Laye, Seine-et-Oise.

Donnez-moi de vos nouvelles *à fond*. Parlez moi de G.

Depuis six semaines j'ai beaucoup erré. J'ai été obligé de *quitter* Paris au galop.

Mille amitiés de votre toujours affectionné.

Juin 1871.

Cher ami,

* *

Je vois que votre mariage, comme le mien, ne fait pas tort au travail.

Je finis mes deux opéras. Je lis beaucoup. Je n'ai pas un plan d'études aussi réglé que le vôtre, mais je commence à connaître une assez grande quantité de choses. Le malheur est que le désir de savoir vient en apprenant, mais pourquoi le malheur? Je vivrai, mourrai sans que ma curiosité soit satisfaite; mais plus je vais, et plus les systèmes philosophiques me semblent de purs enfantillages.

Mille amitiés de votre toujours mille fois dévoué.

Septembre 1871.

Mon cher ami,

* *

...Je vais rentrer à Paris demain ou après. Écrivez-moi donc rue de Douai, 22. Rien de très nouveau, si ce n'est que je vais prendre probablement le 1er novembre, la position de chef du chant à l'Opéra. C'est une situation que n'ont dédaignée ni Hérold ni Halévy. Je ne serai pas fort occupé, et les appointements sont relativement bons: cinq ou six mille, et, de plus, des arrangements de partitions, etc.—Les directeurs de l'Opéra-Comique, ne voulant pas risquer de grandes pièces cette année, m'ont *demandé* d'écrire la partition d'une *Namouna* assez intéressante. La chose était pressée, et l'on m'a mis l'épée dans les reins; mais aujourd'hui, ces messieurs donnent tous leurs soins au *Fantasio* de *Jacques Offenbach*, et mes exigences légitimes de distribution retardent la chose. Je publie en ce moment chez Durand (ancienne maison Flaxland) un recueil de dix morceaux à quatre mains intitulé: *Jeux d'enfants*. J'en suis assez content.—Du reste, je me fais chaque jour plus fort contre les petites émotions de la vie. Ce n'est pas à proprement parler de la philosophie, mais c'est un immense dédain, un souverain mépris qui en tiennent lieu* *

Trouvez deux minutes à donner à votre ami dévoué.

Janvier 1872.

Cher ami,

* *

L'élection *Vautrain*[118] nous laisse espérer un prochain retour de l'Assemblée...

Rien de nouveau.—On m'a écrit hier de l'Opéra-Comique pour la mise en répétitions de *Namouna*; mais j'ai des exigences qui empêcheront probablement l'affaire d'aboutir.

Mille amitiés de votre tendrement dévoué.

17 juin 1872.

Mon cher ami,

Vous devez m'en vouloir, mais si vous saviez quel hiver écrasant j'ai eu à passer, vous me plaindriez sincèrement.—Mille francs de leçons par mois, *Djamileh* à faire répéter et à orchestrer, et tous les ennuis ordinaires de la vie de Paris qui dévorent la meilleure partie de l'existence* *

Djamileh n'est pas un succès. Le poème est vraiment antithéâtral, et ma chanteuse a été au-dessus de toutes mes craintes. Pourtant, je suis extrêmement satisfait du résultat obtenu. La presse a été très intéressante, et jamais opéra-comique en un acte n'a été plus sérieusement, et, je puis le dire, plus passionnément discuté[119]. La rengaine Wagner continue. *Reyer* (*les Débats*), *Weber* (*le Temps*), *Guillemot* (*Journal de Paris*), *Joncières* (*la Liberté*) (c'est-à-dire plus de la moitié du tirage de la presse quotidienne) ont été très chauds.—*De Saint-Victor*, *Jouvin*, etc., ont été bons en ce sens qu'ils constatent inspiration, talent, etc., le tout gâté par l'influence de Wagner.—Quatre ou cinq folliculaires ont éreinté l'ouvrage; mais les feuilles qu'ils ont à leur disposition ne leur donnent aucune importance.—Ce qui me satisfait plus que l'opinion de tous ces messieurs, c'est la certitude absolue d'avoir trouvé ma voie. Je sais ce que je fais.—On vient de me commander trois actes à l'Opéra-Comique.—*Meilhac* et *Halévy* font ma pièce.—Ce sera *gai*, mais d'une gaieté qui permet le style. —J'ai aussi des projets symphoniques, mais mon baby va me déranger bien agréablement.

Que faites-vous? Comment allez-vous? Écrivez-moi. Je n'ai plus vu G., mais on l'a vu à *Djamileh.*—Je suis donc rassuré sur son compte* * * * * * * * *
* *

Mille amitiés de votre fidèle et dévoué.

FIN

Paris.—Imp. L. POCHY, 52. rue du Château.—1294-4-09.

NOTES:

[1] Le premier ouvrage de M. Guiraud, *Sylvie*, opéra-comique en un acte a été joué en 1864. Le second, le *Kobold*, également en un acte, ne l'avait pas encore été au moment dont je parle. Il ne le fut qu'en 1870.

[2] Hugues Imbert, *Portraits et Études*, suivies de *Lettres inédites de Bizet*. Paris. Fischbacher, 1894.

[3] Voir sa lettre dans le volume de Marmontel, *Symphonistes et Virtuoses*. Voir aussi sa correspondance avec sa mère. *Lettres de Georges Bizet*, pp. 108, 117-118.

[4] C'est la pièce IV du livre sixième des *Contemplations*.

[5] Dans une lettre à M. Paul Lacombe, il loue «les trois grandes sociétés belges» de Bruxelles, d'Anvers et de Liége. Il y a là une indication précieuse. Voir Hugues Imbert, *Portraits et Études*, p. 176.

[6] Dans des fragments de ses lettres.

[7] Elle a été reproduite par M. Pigot dans son volume *Georges Bizet et son œuvre*, p. 113.

[8] Inséré en tête du deuxième recueil de *Mélodies* de Bizet.

[9] *Symphonistes et Virtuoses*, p. 248.

[10] P. 255.

[11] Voir ci-dessus 8-10.

[12] P. 256.

[13] *Symphonistes et Virtuoses*, p. 261.

[14] Lettre de juin 1867. Voir p. 119.

[15] Lettre de janvier 1868. Voir p. 133.

[16] Lettre de mars 1869. Voir p. 182-183.

[17] Voir p. 199.

[18] N° du 1ᵉʳ janvier 1905, p. 8, col. 2.

[19] P. XIII.

[20] P. 10, col. 2.

[21] Année 1903, p. 53.

[22] Pp. 90, 92-95.

[23] Pp. 93-94.

[24] Cette introduction était composée quand a paru le volume des *Lettres de Georges Bizet*. On y trouve encore une preuve de ce que je viens de rapporter sur son caractère. Il avait envoyé de Rome un *Te Deum* pour le concours Rodrigues et fait part plusieurs fois à sa mère des projets qu'il réaliserait s'il obtenait le prix. Ce prix, il ne l'eut pas, et quand il en fut informé, voici ce qu'il écrivit: «J'apprends à l'instant que Barthe a le prix Rodrigues. Est-ce bien vrai? Voilà qui me dérange fort!! Enfin, je n'en mourrai pas.» Voir *Lettres de Georges Bizet*, pp. 24, 30, 39, 42, 45, 52, 56, 57, 60, 61-62, 67, 72, 74, 81, 83, 87, 93, 95, 99-100.

[25] Sur les lettres et leurs dates, voir l'introduction p. 3.

[26] Sur le cours de contre-point et de fugue, voir l'introduction p. 4.

[27] La personne qui nous avait mis en relations.

[28] Écrite en marge de la dernière page du second devoir de contre-point.

[29] *Bajazet et le Joueur de flûte*, cantate donnée au concours de 1859 pour le prix de Rome remporté cette année-là par Ernest Guiraud. Voir l'introduction p. 1.

[30] Écrite au bas de la sixième page d'un devoir de composition pour orchestre, l'introduction de *Bajazet et le Joueur de flûte*. Voir la note précédente.

[31] Écrite au bas de la dernière page du troisième devoir de contre-point suivi d'une mélodie pour piano.

[32] *Iwan le Terrible*, opéra en cinq actes reçu au théâtre Lyrique. Voir

l'introduction p. 16.

[33] Il s'agit d'un devoir de composition, des premières scènes de *Bajazet et le Joueur de flûte* qui furent perdues à la poste. Voir p. 6, notes 1 et 2.

[34] Écrite en marge de la dernière page du quatrième devoir de contre-point.

[35] Le premier mot est illisible.

[36] Écrite en marge d'un devoir de composition, un quatuor pour instruments à cordes.

[37] Écrite en marge de la dernière page du cinquième devoir de contre-point.

[38] Il n'habitait Paris que l'hiver. Voir l'introduction pp. 6-8.

[39] Il écrivait ceci sous l'impression des nouvelles de la bataille de Sadowa, livrée le 3 juillet 1866.

[40] Un jeune homme qui désirait faire de la littérature et cherchait un emploi à Paris.

[41] Il écrivait du Vésinet.

[42] Son ami, le compositeur Ernest Guiraud.

[43] Le traité avec la direction du Théâtre-Lyrique pour la représentation de la *Jolie Fille de Perth.*

[44] *Roma.* Voir l'introduction, pp. 22-24.

[45] Je reçus, plus tard, en effet, trois mélodies éditées séparément chez Choudens et qui ont été placées ensuite dans le premier recueil: *Douce Mer, Après l'Hiver* et les *Adieux de l'Hôtesse Arabe.*

[46] Il y a *fermière* dans le texte.

[47] Deux mots illisibles.

[48] Je lui avais demandé cette date.

[49] Catherine.

[50] Smith.

[51] Il était au Vésinet où il passait ordinairement avec son père la belle saison. Voir l'introduction pp. 6-8.

[52] Voir la note p. 74.

[53] Sans doute celle du duc de Rothsay au deuxième acte de la *Jolie Fille de Perth.*

[54] Auteur dramatique, directeur de l'Administration des Théâtres depuis 1863.

[55] Un quatuor pour instruments à cordes, devoir de composition.

[56] Bizet entendait par là le progrès purement industriel et purement économique.

[57] Un mot illisible.

[58] Un mot illisible.

[59] Un mot illisible.

[60] J'ignore si cela est bien exact. Voir l'introduction, p. 10.

[61] Le peintre, qui fût directeur de l'Académie de France à Rome.

[62] Abréviations: suj., sujet; rép. r., réponse; c. suj., c. s. contre-sujet; mod. min., mode mineur; div., divertissement; sous dom., sous-dominante.

[63] J'avais mieux que le plan: il m'avait, en effet, donné au printemps de 1866 une fugue à deux parties qu'il avait écrite pour moi et devant moi au Vésinet.

[64] Voir ci-dessus, p. 96, première lettre de décembre 1866, la note 2 et l'introduction, p. 10.

[65] Voir ci-dessus, p. 96, première lettre de décembre 1866, la note 2 et l'introduction, p. 10.

[66] Idem.

[67] Écrite à la suite du quinzième devoir. C'était la fugue dont le sujet avait été envoyé dans la lettre précédente.

[68] Contre-sujets.

[69] Mot illisible, Trévise, probablement. Saint-Georges y logeait en 1849, au numéro 6. Voir une lettre de Berlioz dans sa *Correspondance inédite*, deuxième édition, p. 176.

[70] Voir ci-dessus, p. 96, première lettre de décembre 1866, la note 2 et l'introduction, p. 10.

[71] Deux mots illisibles (la sourdine?).

[72] *Feuilles d'album*, le recueil de six mélodies éditées chez Heugel et les trois mélodies publiées chez Choudens dont il a été question dans la première lettre de juillet 1866: *Douce Mer, Après l'Hiver* et les *Adieux de l'Hôtesse Arabe*.

[73] Écrite sur du papier réglé.

[74] Écrite à la quatrième page du dix-septième devoir. C'était la fugue dont il m'avait donné le sujet dans la lettre précédente.

[75] Le ténor Massy qui créa le rôle de Smith.

[76] L'ancien régisseur général de l'Opéra.

[77] Mot illisible.

[78] Trois mots illisibles.

[79] Sur cet hymne, cette cantate et tout ce qui suit, voir l'introduction, pp. 26-28.

[80] Voir l'introduction, pp. 26-27.

[81] Ces deux lignes de points n'indiquent pas une suppression; elles se trouvent dans la lettre.

[82] Voir l'introduction, pp. 16-18.

[83] La créatrice du rôle de Catherine.

[84] Le créateur du rôle de Smith.

[85] Un mot illisible (vous?).

[86] Voir l'introduction, p. 27.

[87] Opéra-bouffe laissé inachevé par Mozart et représenté à Paris le 6 juin 1867, au théâtre des Fantaisies-Parisiennes.

[88] Crépet venait de quitter la direction de la *Revue Nationale*.

[89] Garibaldi avait organisé un corps de volontaires pour envahir le territoire pontifical. Le gouvernement italien s'était borné d'abord à le blâmer officiellement, puis, sous la pression du gouvernement français, il le faisait arrêter au moment où il était en route pour prendre le commandement de l'expédition, et l'internait chez lui, dans l'île de Caprera.

[90] Écrite en marge du vingt-cinquième devoir, sujets, réponses et contre-sujets.

[91] Un mot illisible (etc.?).

[92] Le chanteur qui venait de créer le rôle du duc de Rothsay dans la *Jolie Fille de Perth*.

[93] Deux mots illisibles.

[94] Sur tout ce qui se rapporte à la *Coupe du Roi de Thulé*, voir l'introduction, p. 28. Guiraud se préparait à concourir. Je ne sais s'il y renonça comme Bizet.

[95] Deux mots illisibles (est pour?).

[96] Émile Perrin, alors directeur de l'Opéra.

[97] Dans une discussion au Sénat, les cardinaux et archevêques sénateurs avaient dénoncé comme matérialiste l'enseignement de la Faculté de médecine de Paris. Or, les témoins, sur les propos desquels les prélats prétendaient fonder leurs accusations, protestèrent, et, dit Ch. de Mazade dans la chronique politique de la *Revue des Deux Mondes*, livraison du 1er juin 1868, p. 765, «le seul qui avait cru entendre finit par n'avoir plus rien entendu du tout».

[98] Un mot illisible.

[99] Voici cette ébauche, comme il l'appelle, et l'observation qui est écrite en marge. Le morceau est en sol mineur.

[100] On comprend facilement dans quel sens Bizet employait ce mot et qu'il voulait dire par là de la vraie musique, de la musique ayant une valeur.

[101] Le livret de Leroy pour l'Opéra dont il a été question dans les lettres précédentes. Voir plus haut, pp. 137-138, 140.

[102] Voir l'introduction, p. 29.

[103] Il y avait, on l'a déjà vu plus haut, p. 121, trois concours à la même époque: un à l'Opéra, un autre à l'Opéra-Comique, et un troisième au Théâtre-Lyrique.

[104] *Napoléon le Petit.*

[105] On sait que le fils du général Cavaignac, lauréat au concours général, refusa de monter sur l'estrade pour aller recevoir son prix des mains du prince impérial.

[106] Un mot illisible.

[107] Il s'agit de la situation politique à la fin du second Empire.

[108] Un mot illisible.

[109] Gevaert était alors directeur de la musique à l'Opéra.

[110] La préface de 1868 à l'*Histoire de la Révolution.*

[111] Le livret imprimé de la *Coupe du Roi de Thulé* qu'il fallait rendre au ministère des Beaux-Arts si l'on renonçait à concourir.

[112] Le livre de Ténot qui faisait sensation: *Paris en décembre* 1851.

[113] Un mot illisible.

[114] *Lapsus calami.* Il voulait écrire: baisser. C'est la fin de l'acte.

[115] Un mot illisible.

[116] Pour les raisons que j'ai exposées dans l'introduction, p. 3, j'ai déjà fait quelques suppressions, et je vais, maintenant, en faire de plus longues et de plus nombreuses. Je ne crois pas, cependant, manquer aux convenances en donnant des fragments de cette lettre.

[117] Voir l'introduction, pp. 27-28.

[118] L'Assemblée nationale refusait de quitter Versailles, et on avait pensé que le choix d'un modéré la déciderait à transférer son siège à Paris.

[119] Voir l'introduction, p. 35.

Made in the USA
Monee, IL
03 September 2021